PREMISSAS DE DIREITO ECONÔMICO

SÉRGIO AUGUSTO G. PEREIRA DE SOUZA

PREMISSAS DE DIREITO ECONÔMICO

2ª edição revista
Atualizada conforme a Lei nº 12.529, de 30.11.2011

Belo Horizonte

2012

© 2009 Editora Fórum Ltda.

2012 2ª edição revista

É proibida a reprodução total ou parcial desta obra, por qualquer meio eletrônico, inclusive por processos xerográficos, sem autorização expressa do Editor.

Conselho Editorial

Adilson Abreu Dallari
Alécia Paolucci Nogueira Bicalho
Alexandre Coutinho Pagliarini
André Ramos Tavares
Carlos Ayres Britto
Carlos Mário da Silva Velloso
Carlos Pinto Coelho Motta (in memoriam)
Cármen Lúcia Antunes Rocha
Cesar Augusto Guimarães Pereira
Clovis Beznos
Cristiana Fortini
Dinorá Adelaide Musetti Grotti
Diogo de Figueiredo Moreira Neto
Egon Bockmann Moreira
Emerson Gabardo
Fabrício Motta
Fernando Rossi
Flávio Henrique Unes Pereira

Floriano de Azevedo Marques Neto
Gustavo Justino de Oliveira
Inês Virgínia Prado Soares
Jorge Ulisses Jacoby Fernandes
José Nilo de Castro (in memoriam)
Juarez Freitas
Lúcia Valle Figueiredo (in memoriam)
Luciano Ferraz
Lúcio Delfino
Marcia Carla Pereira Ribeiro
Márcio Cammarosano
Maria Sylvia Zanella Di Pietro
Ney José de Freitas
Oswaldo Othon de Pontes Saraiva Filho
Paulo Modesto
Romeu Felipe Bacellar Filho
Sérgio Guerra

Luís Cláudio Rodrigues Ferreira
Presidente e Editor

Coordenação editorial: Olga M. A. Sousa
Revisão: Marcelo Belico
Pablo Gobira
Bibliotecários: Ricardo Neto – CRB 2752 – 6ª Região
Izabel Antonina A. Miranda – CRB 2904 – 6ª Região
Indexação: Clarissa Jane de Assis Silva – CRB 2457 – 6ª Região
Capa e projeto gráfico: Walter Santos
Diagramação: Karine Rocha

Av. Afonso Pena, 2770 – 15º/16º andares – Funcionários – CEP 30130-007
Belo Horizonte – Minas Gerais – Tel.: (31) 2121.4900 / 2121.4949
www.editoraforum.com.br – editoraforum@editoraforum.com.br

P436p	Pereira de Souza, Sérgio Augusto G.
	Premissas de direito econômico / Sérgio Augusto G. Pereira de Souza. – 2ª edição revista, atualizada conforme a Lei nº 12.529, de 30.11.2011. – Belo Horizonte : Fórum, 2012.
	161 p. ISBN 978-85-7700-601-4
	1. Direito econômico. I. Título
	CDD: 341.378 CDU: 346

Informação bibliográfica deste livro, conforme a NBR 6023:2002 da Associação Brasileira de Normas Técnicas (ABNT):

PEREIRA DE SOUZA, Sérgio Augusto G. *Premissas de direito econômico*. Belo Horizonte: Fórum, 2012. 161 p. ISBN 978-85-7700-601-4.

Dedico esta obra à minha esposa Andrea e aos meus filhos Isabella e Thomaz, pela paciência que tiveram comigo durante sua elaboração e pela confiança nos meus sonhos.

Agradeço aos alunos do Marcato Cursos Jurídicos, que com seus questionamentos auxiliaram na objetividade e estruturação da presente obra. Também agradeço aos amigos do Conselho de Recursos do Sistema Financeiro Nacional (CRSFN), os quais contribuíram em muito para minha atual visão dos fundamentos do Direito Econômico, da Ordem Econômica Constitucional e do Sistema Financeiro Nacional. Mais que a todos, agradeço a Deus, único autor de tudo o que existe.

SUMÁRIO

NOTA DA 2ª EDIÇÃO 11

CAPÍTULO 1
A MATRIZ CONSTITUCIONAL 13

1.1   Introdução 13
1.2   A ordem econômica 16
1.3   Princípios da ordem econômica 19
1.3.1   Soberania nacional 19
1.3.2   Propriedade privada, função social da propriedade 21
1.3.3   Livre concorrência 24
1.3.4   Defesa do consumidor 26
1.3.5   Defesa do meio ambiente, inclusive mediante tratamento diferenciado conforme o impacto ambiental dos produtos e serviços e de seus processos de elaboração e prestação 28
1.3.6   Redução das desigualdades regionais e sociais 29
1.3.7   Busca do pleno emprego 30
1.3.8   Tratamento favorecido para empresas de pequeno porte constituídas sob as leis brasileiras e que tenham sua sede e administração no País 31
1.4   Demais dispositivos constitucionais relevantes 32
1.4.1   Capital estrangeiro 33
1.4.2   Política urbana 37
1.4.3   Política agrária 41
1.4.4   Sistema Financeiro Nacional 49
1.4.4.1   Limitação dos juros ou encargos 51
1.4.4.2   Contexto normativo infraconstitucional 57

CAPÍTULO 2
A ATUAÇÃO DO ESTADO NA ECONOMIA – A PARTICIPAÇÃO E A INTERVENÇÃO 65

2.1   Participação 66
2.1.1   Serviços públicos 67
2.1.2   Exercício ou exploração da "atividade econômica" 70

2.1.2.2 Participação necessária.. 71

2.1.2.3 Monopólio público 73

2.2 Intervenção 78

CAPÍTULO 3
A LEI ANTITRUSTE NACIONAL.. 89

3.1 Resenha histórica da evolução legislativa brasileira 89

3.2 O que é o direito da concorrência?... 91

3.3 A Lei nº 12.529/11, que reestruturou o SBCD 97

3.3.1 A SAE, o CADE e a nova estrutura administrativa 100

3.3.2 As infrações ao direito concorrencial... 108

3.3.3 A análise dos atos de concentração.. 113

3.3.4 O processo administrativo no CADE... 118

3.3.5 Termo de Compromisso de Cessação de Prática e programa
de leniência... 127

CAPÍTULO 4
DIREITO ECONÔMICO INTERNACIONAL E REGIONAL............133

4.1 O contexto mundial.. 133

4.2 O contexto regional: Mercosul... 141

4.2.1 Aspectos históricos... 141

4.2.2 A doutrina da integração econômica.. 143

4.2.3 A natureza jurídica do Mercosul e sua estrutura........................... 144

4.2.3.1 O Conselho do Mercado Comum (CMC)..................................... 147

4.2.3.2 O Grupo do Mercado Comum (GMC) 148

4.2.3.3 A Comissão de Comércio do Mercosul (CCM) 148

4.2.3.4 A Secretaria Administrativa do Mercosul (SAM) 148

REFERÊNCIAS.. 149

ÍNDICE DE ASSUNTO 153

ÍNDICE DA JURISPRUDÊNCIA 157

ÍNDICE DA LEGISLAÇÃO... 159

ÍNDICE ONOMÁSTICO.. 161

NOTA DA 2ª EDIÇÃO

A presente edição justifica-se em face da alteração legal procedida no âmbito do Sistema Brasileiro de Defesa da Concorrência (SBDC), mas, também, em face dos acréscimos de conteúdo lógico argumentativo estabelecidos ao longo de todo o texto do presente trabalho, especialmente decorrentes da permanente atividade de pesquisa, essencial ao exercício do magistério deste ramo do Direito, e da visão cada vez maior das interações entre os conceitos econômicos e os conceitos jurídicos. Desta forma, mais uma vez, agradeço a todos os meus alunos, que sempre me instigam com novos questionamentos. Também agradeço aos amigos, mestres e professores da *George Washington University School of Business*, onde tive a oportunidade de aprofundar os conhecimentos de Economia, durante a realização do Minerva Program – Fall 2010 (agosto a dezembro de 2010). Agradeço, ainda, à minha família e a Deus, que continuam a me dar suporte em todas as minhas iniciativas.

CAPÍTULO 1

A MATRIZ CONSTITUCIONAL

1.1 Introdução

O objetivo do presente trabalho é estabelecer premissas básicas de Direito Econômico que sirvam de aproximação ao mesmo para os que iniciam seu contato com a matéria, na graduação, ou que possam se tornar referência de estudo para aqueles que, no âmbito preparatório para concursos públicos, necessitem de um caminho para rememorar os temas pertinentes e aprofundá-los.

Nesse sentido, busca-se uma abordagem direta e objetiva a respeito de cada um dos temas de Direito Econômico, sem descuidar de referências jurisprudenciais e doutrinárias que auxiliem em sua compreensão, não apenas teórica, mas também pragmática, de forma que as premissas estabelecidas se coadunem com a interpretação mais utilizada e adequada aos instrumentos legais e constitucionais em análise.

O roteiro de tal abordagem é, então, determinado principalmente pelo conteúdo majoritário dos editais de concursos públicos voltados para as carreiras jurídicas, em especial as federais.

Ademais, tal roteiro também é estabelecido pelos próprios dispositivos constitucionais e legais pertinentes. Logo, a transcrição de tais dispositivos, muitas vezes, ilustra a interpretação dos mesmos, de forma a facilitar sua compreensão. Além disso, não se descuida de sucintas explanações do contexto histórico da inserção de tais dispositivos no ambiente jurídico.

Tendo isso em vista, é necessário iniciar este trabalho pela diferenciação do âmbito do Direito que se pretende estudar, em relação aos demais âmbitos existentes.

De fato, na maioria dos editais de concursos públicos e nas grades curriculares dos cursos de graduação, o Direito Econômico acaba por ser inserido em conjunto com o Direito Financeiro, motivo pelo qual muitos estabelecem grande confusão entre ambos.

Ocorre que, da mesma forma que o Direito Financeiro não pode ser mais confundido com o Direito Tributário, também deve ser extinta a confusão entre o Direito Econômico e o Direito Financeiro, única forma pela qual o ramo do Direito que se pretende estudar pode ser plenamente compreendido.

Em sendo assim, como definir o que venha a ser o Direito Econômico e diferenciá-lo do Direito Financeiro?

A doutrina mais celebrada, de Eros Roberto Grau, conceitua o Direito Econômico como sendo o:

> (...) sistema normativo voltado à ordenação do processo econômico, mediante a regulação, sob o ponto de vista macrojurídico, da atividade econômica, de sorte a definir uma disciplina destinada à efetivação da política econômica estatal.[1]

Do ponto de vista histórico o desenvolvimento do Direito Econômico se dá principalmente a partir da necessidade de intervenção do Estado na economia, em face da falência do sistema liberal puro do capitalismo, resultante da concentração de poder econômico pelos grandes grupos industriais, vulnerando a livre concorrência, culminando com a reação socialista em 1917 e a crise de 1929.[2]

Principalmente após a II Guerra Mundial, tal necessidade se aprofundou, em vista da exigência de reconstrução dos países atingidos pela guerra. A solução para tanto era a efetivação de políticas econômicas estatais, ou seja, de sistemas de planejamento econômico que, preservando as instituições básicas do capitalismo (propriedade e iniciativa privada conjugados à livre concorrência), pudessem enfrentar a concentração do poder privado, exatamente no sentido de manter tais pressupostos, em nome do interesse comum de todos os participantes do sistema.

Veja-se, pois, que a gênese do Direito Econômico encontra-se exatamente nas necessidades de regulação da economia e do estabelecimento de políticas de planejamento econômico, as quais surgem no

---

[1] GRAU. *Elementos de direito econômico*, p. 39.
[2] FONSECA. *Direito econômico*, 5. ed., p. 1-18, 24.

seio da Sociedade como um todo e acabam por ser veiculadas por meio da atividade Estatal, na tentativa de concreção de tal regulação e de tais políticas. Tais necessidades são cíclicas, do ponto de vista histórico e econômico, determinando uma maior ou menor interação da atividade Estatal com a Economia, de modo a manter os pressupostos dessa última em pró de todos, o que se vislumbra nitidamente no decorrer da atual crise financeira mundial, deflagrada no final de 2008.

Nesse passo a afirmação de João Bosco Leopoldino da Fonseca,[3] no sentido de que "o Direito Econômico tem a ver com normas concretas direcionadas à condução do fenômeno econômico. Este, na verdade, é um fenômeno plenamente *situado*, visceralmente *vinculado historicamente*".

Exatamente nessa gênese é que se encontra o ponto fulcral de diferenciação entre o Direito Econômico e o Direito Financeiro, o qual a doutrina costuma conceituar como sendo o "conjunto de princípios e normas jurídicas que regem a atividade financeira do poder público".[4]

Assim, enquanto *o Direito Econômico se ocupa de regras gerais voltadas a todo o processo econômico nacional*, o que inclui tanto a atividade estatal quanto a atividade privada, *o Direito Financeiro se ocupa primordialmente da atividade financeira do poder público*.

Por isso mesmo o Direito Econômico debruça-se sobre temas como o direito concorrencial, o abuso de poder econômico, a atuação estatal na economia, políticas urbana e agrícola e o sistema financeiro nacional. Já o Direito Financeiro é mais específico e, além das questões orçamentárias e de responsabilidade fiscal do Estado, tem como seu objeto principal a atividade tributária estatal.

Encontra sentido, então, a afirmação de Eros Grau, segundo a qual:

> (...) cumpre-nos tratar não apenas dos marcos normativos que instrumentam, macrojuridicamente, a efetivação da política econômica estatal, na ordenação das relações entre Estado e agentes econômicos — e ai o Direito Econômico — mas também da ordenação, plasmada no âmbito do Direito da Organização dos Mercados, das relações entre agentes privados, ordenação esta que, como seu produto, complementa o sentido do Direito Econômico.[5]

---

[3] FONSECA. *Direito econômico*, 5. ed., p. 38.
[4] ATALIBA. *Apontamentos de ciência das finanças, direito financeiro e tributário*, p. 33.
[5] GRAU. *Elementos de direito econômico*, p. 39.

Neste trabalho, por óbvio, nosso interesse é focado nos temas do Direito Econômico e, estabelecida de forma introdutória tal diferenciação entre os dois ramos do Direito acima mencionados, passa a ser possível a análise dos dispositivos constitucionais e legais que regem tais temas.

1.2 A ordem econômica

A matriz constitucional da ordem econômica e do Direito Econômico no Brasil encontra-se entre os artigos 170 a 192 da Constituição Federal (princípios da atividade econômica, política urbana, política agrícola, sistema financeiro nacional).[6]

O estudo específico e pormenorizado de todos estes dispositivos, então, se faz necessário, não apenas para efeito de aprendizado de Direito Econômico, mas, especialmente, como conteúdo do direito constitucional em suas distintas projeções.

Especificamente no tocante ao Direito Econômico, é importante relacionar alguns desses dispositivos com outros, também da Constituição Federal, no sentido de sistematizar uma *ordem econômica constitucional*, a partir da qual se podem extrair os princípios regentes de nosso sistema econômico e, então, tratar de temas mais específicos.

Nesse sentido, importante consignar a *competência legislativa na matéria*, ou seja, o disposto no art. 24, I, da Constituição Federal, que determina seja tal competência concorrente entre a União, Estados e Distrito Federal, e, de conformidade com os parágrafos do mesmo artigo, estabelece-se que as normas gerais se dão por competência da União (§1º), enquanto os demais entes exercem a competência suplementar (§2º), ou plena na inexistência de tais normas gerais (§3º), sendo posteriormente suspensa tal competência ou produção legislativa no quer for contrária à norma geral superveniente (§4º).[7]

---

[6] SILVA. *Curso de direito constitucional positivo*, 13. ed., p. 717.

[7] Art. 24. Compete à União, aos Estados e ao Distrito Federal legislar concorrentemente sobre:
I - direito tributário, financeiro, penitenciário, econômico e urbanístico; (...)
§1º No âmbito da legislação concorrente, a competência da União limitar-se-á a estabelecer normas gerais.
§2º A competência da União para legislar sobre normas gerais não exclui a competência suplementar dos Estados.
§3º Inexistindo lei federal sobre normas gerais, os Estados exercerão a competência legislativa plena, para atender a suas peculiaridades.
§4º A superveniência de lei federal sobre normas gerais suspende a eficácia da lei estadual, no que lhe for contrário.

Na doutrina, a expressão *ordem econômica* suscita um sem número de debates, especialmente no que concerne às vertentes político-ideológicas de tal ordem, ou seja, sua vertente mais capitalista ou mais socialista.

Em que pese a importância de tais discussões, neste momento o que interessa para nós é identificar que, no Brasil, a constitucionalização de uma ordem econômica iniciou-se com a Constituição de 1934 (influenciada pela Constituição alemã de Weimar) e permanece até hoje como uma forma de "atuação do Estado", uma "tentativa de por ordem na vida econômica e social" que "importa em impor condicionamentos à atividade econômica, do que derivam os direitos econômicos que consubstanciam o conteúdo da constituição econômica".[8] A Constituição Federal de 1988 foi especialmente inovadora na divisão em distintos capítulos entre a ordem econômica e a ordem social.

No estabelecimento da *ordem econômica constitucional* importa, pois, verificar o conteúdo do *caput* do art. 170 da Constituição Federal, a saber:

> Art. 170. A ordem econômica, fundada na valorização do trabalho humano e na livre iniciativa, tem por fim assegurar a todos existência digna, conforme os ditames da justiça social, observados os seguintes princípios: (...).

A leitura do texto permite identificar que a *ordem econômica* prevista na Constituição Federal tem *objetivos claros*, que mesclam tendências capitalistas e socialistas, no sentido de assegurar-se a todos a *existência digna e justiça social*, que complementam os objetivos da própria República, já estatuídos no art. 3º do Diploma Constitucional. Tal se faz através de dois mecanismos:

1. A valorização do trabalho humano; e
2. A livre iniciativa.

Estes mecanismos, convém consignar, também já vêm expressos no art. 1º, IV, da nossa Carta Magna, como fundamentos da República Federativa.[9]

---

[8] SILVA. *Curso de direito constitucional positivo*, 13. ed., p. 718.

[9] Art. 1º A República Federativa do Brasil, formada pela união indissolúvel dos Estados e Municípios e do Distrito Federal, constitui-se em Estado Democrático de Direito e tem como fundamentos: (...)
IV - os valores sociais do trabalho e da livre iniciativa; (...).

Logo, ao consagrar a livre iniciativa como um dos mecanismos essenciais à *ordem econômica* a Constituição de 1988 definitivamente situa tal ordem no sistema da economia de mercado ocidental, afastando-se das experiências socialistas.

Tal enquadramento, contudo, não pode ser entendido como absoluto, uma vez que deve obediência aos princípios seguidamente elencados no art. 170 da própria Constituição Federal.

São estes princípios que possibilitam ao Estado brasileiro, na sua tarefa de impor condicionamentos à atividade econômica, atuar na economia, direta ou indiretamente, em setores específicos, conforme consignado, posteriormente, nos artigos 172 a 192 de nosso Diploma Máximo.

Por outro lado, ao declarar a valorização do trabalho humano como o outro de seus dois mecanismos essenciais, a *ordem econômica constitucional* conecta-se diretamente, também, com os direitos sociais inscritos nos artigos 6º e 7º da Constituição Federal, dando "prioridade aos valores do trabalho humano sobre todos os demais valores da economia de mercado".[10]

Os incisos do art. 170 da Constituição de 1988, por seu turno e conforme já mencionado acima, trazem os chamados *princípios constitucionais da ordem econômica*, que são "preceitos condicionadores da atividade econômica",[11] aplicáveis ao Estado, e pelo Estado, em sua atuação no domínio econômico.

Assim, tomando novamente o *caput* do art. 170 da Constituição Federal e consignando sobre o mesmo as assertivas acima teremos:

> Art. 170. A ordem econômica [competência legislativa da União e suplementar das demais entidades federadas – art. 24, I, CF], fundada na valorização do trabalho humano [conectada aos direitos sociais – artigos 6º e 7º, CF] e na livre iniciativa [que também é um dos fundamentos da República – art. 1º, IV, CF], tem por fim assegurar a todos existência digna, conforme os ditames da justiça social [concretizando os objetivos da República – art. 3º, CF], observados os seguintes princípios [dispostos nos incisos seguinte e aplicáveis especialmente aos artigos 172 a 192, CF]: (...).

Por fim, tal dispositivo dá início ao que a doutrina convencionou chamar de *constituição econômica*, ou seja, a "parte da Constituição

---

[10] SILVA. *Curso de direito constitucional positivo*, 13. ed., p. 720.

[11] SILVA. *Curso de direito constitucional positivo*, 13. ed., p. 724.

Federal que contém os direitos que legitimam a atuação dos sujeitos econômicos, o conteúdo e os limites desses direitos e a responsabilidade que comporta o exercício da atividade econômica"[12] ou, "conteúdo fundamental das normas disciplinadoras da atividade econômica",[13] mas que "(...) não se restringe aos artigos contidos no Título VII — Da Ordem Econômica e Financeira —, mas tem sua expressão e seu conteúdo em diversos outros tópicos da Constituição".[14]

1.3 Princípios da ordem econômica

1.3.1 Soberania nacional

(dispositivos conexos: art. 1º, I; art. 4º, I, parágrafo único, CF)

Ao estatuir a soberania nacional como princípio da ordem econômica o constituinte original, além de reforçar um instituto que já havia sido posto como *fundamento da República* no art. 1º, I, do Diploma Constitucional e que, por consequência, deve *nortear as relações internacionais do Estado Nacional*, conforme expressa previsão do art. 4º, I, da Carta Magna, buscou o estabelecimento de um *conteúdo específico* para tal instituto.

Em termos bastante objetivos e sintéticos, a doutrina do Direito Internacional e do Direito Constitucional conceituam majoritariamente a *soberania como significando tanto a supremacia na ordem interna, quanto à independência na ordem internacional.*

Por isso se fala em soberania interna (*intra gentes*) e soberania externa (*extra gentes*), sendo que a primeira se manifesta através do controle que o Estado exerce sobre suas instituições e sobre o seu território, enquanto a segunda se exprime através da competência do mesmo em determinar seu próprio comportamento em face dos demais membros da sociedade internacional.

Logo, soberania pode ser entendida como um poder material superior, conquanto delimitado; uma competência plena, mas não irrestrita; a independência, mas não a irresponsabilidade do Estado, seja na órbita interna ou externa de suas atividades.[15]

---

[12] SILVA. *Curso de direito constitucional positivo*, 13. ed., p. 722.

[13] CHIMENTI *et al. Curso de direito constitucional*: de acordo com as emendas constitucionais n. 50/2006 e 51/2006 e o projeto de emenda da verticalização eleitoral, 3. ed., p. 514.

[14] FONSECA. *Direito econômico*, 5. ed., p. 124.

[15] Sobre o conceito de soberania, sua amplitude e características, sugere-se o aprofundamento através das seguintes leituras: REZEK. *Direito internacional público*: curso elementar, 8. ed., p. 215-235; ACCIOLY; SILVA. *Manual de direito internacional público*, 13. ed., p. 67-69;

A *ordem econômica constitucional*, situada no sistema de economia de mercado ocidental, obviamente faz interagir a noção de soberania nacional com o sistema de globalização econômica de modo que, mesmo integrando-se a tal sistema globalizado, como decorrência inevitável da adoção do modelo capitalista, a *independência nacional seja a condicionante de tal integração*.

Assim, o art. 170, I, da Constituição Federal, ao consagrar o princípio da soberania nacional estabelece para este um *conteúdo específico complementar* às noções acima, ou seja, que a ordem econômica "terá de empreender uma ruptura de sua dependência em relação aos centros capitalistas desenvolvidos" de forma que, sem romper com o sistema capitalista e com a globalização econômica, "se formasse um capitalismo nacional autônomo, isto é, não dependente".[16]

Desta forma, a própria inserção do Estado brasileiro no sistema globalizado deve, na medida do possível, ser conduzida por agentes brasileiros e *orientada pelos mesmos princípios que orientam a ordem econômica nacional*, dessa forma integrando também o objetivo colocado no parágrafo único do art. 4º da Constituição Federal, especificamente no tocante aos povos da América latina e à construção de uma "comunidade latino-americana de nações".[17]

Nesse sentido, Eros Roberto Grau afirma que a soberania econômica nacional, deve cumprir dupla função, "como instrumental e como objetivo específico a ser alcançado" e, especificamente, "não supõe o isolamento econômico, mas antes, pelo contrário, a modernização da economia — e da sociedade — e a ruptura de nossa situação de dependência em relação às sociedades desenvolvidas".[18]

Nesses termos se dará a integração da ordem econômica nacional com as ordens econômicas internacionais e regionais, que serão objeto de comentários quando tratarmos, especificamente, de cada uma dessas órbitas.

DALLARI. *Elementos de teoria geral do Estado*, 10. ed., p. 78-80; CARRILLO SALCEDO. *El derecho internacional en perspectiva histórica*, p. 127-128; e CARRILLO SALCEDO. *Soberanía de los estados y derechos humanos en derecho internacional contemporáneo*.

[16] SILVA. *Curso de direito constitucional positivo*, 13. ed., p. 724.

[17] FONSECA. *Direito econômico*, 5. ed., p. 124, 127-128.

[18] GRAU. *A ordem econômica na Constituição de 1988*: interpretação e crítica, 3. ed., p. 246-247.

1.3.2 Propriedade privada, função social da propriedade

(dispositivos conexos: art. 170, caput; art. 5º, XXII e XXIII; art. 173; artigos 181 a 190, CF)

A discussão dos princípios da propriedade privada e de sua função social não pode ser dissociada da discussão a respeito de um dos fundamentos de nossa ordem econômica constitucional, ou seja, da livre iniciativa.

Já dissemos que, ao consagrar a livre iniciativa como um dos fundamentos de nossa ordem econômica e também da República, a Constituição Federal definitivamente situou tal ordem no sistema da economia de mercado ocidental, mas que tal enquadramento não é entendido como absoluto uma vez que deve obediência aos princípios elencados nos incisos do art. 170 do próprio Diploma Constitucional.

De fato, sendo o objetivo da ordem econômica a *existência digna de todos, conforme os ditames da justiça social* a livre iniciativa se vê condicionada à realização de tal objetivo e, assim, será "legítima, enquanto exercida no interesse da justiça social. Será ilegítima, quando exercida com objetivo de puro lucro e realização pessoal do empresário".[19]

Ao estatuir o princípio da propriedade privada, em consonância com o fundamento já consignado no *caput* de seu art. 170, relativo *à livre iniciativa*, a Constituição Federal *dá efetividade ao livre exercício de atividade econômica* e confirma sua decisão de situar nossa ordem econômica no âmbito dos sistemas capitalistas de mercado. Da mesma forma que a livre iniciativa, então, tal princípio (da propriedade privada) não pode ser entendido como absoluto.

Veja-se que a propriedade privada no sistema constitucional brasileiro, a exemplo do que ocorre na maioria dos demais sistemas que se utilizam das premissas estabelecidas pelas declarações de direitos do séc. XVIII e, atualmente, pela Declaração dos Direitos do Homem, da ONU, é considerada como *direito individual fundamental*, cláusula pétrea de nossa Constituição Federal, no art. 5º, XXII.

Por isso se pode afirmar que "o direito de propriedade individual é um pressuposto da liberdade de iniciativa. Esta somente existe como conseqüência e como afirmação daquele".[20]

Por outro lado, da mesma forma que a livre iniciativa, *a propriedade privada se vê condicionada à realização dos objetivos da ordem econômica constitucional* e, assim, "não mais poderá ser considerada puro direito

---

[19] SILVA. *Curso de direito constitucional positivo*, 13. ed., p. 726.
[20] FONSECA. *Direito econômico*, 5. ed., p. 128.

individual, relativizando-se seu conceito e significado, especialmente porque os princípios da ordem econômica são preordenados à vista da realização de seu fim".[21]

Seguidamente, ao estabelecer o princípio da função social da propriedade, também como um dos princípios que regem a *ordem econômica constitucional*, a Carta Magna confirmou a relativização do conceito de propriedade privada na consecução dos objetivos de tal ordem.

O princípio da função social da propriedade, instituído desde a Constituição de 1934,[22] é o *primeiro e mais explícito limite de interpretação do princípio da propriedade privada*, sendo também estatuído como um dos direitos fundamentais (nesse caso de interesse coletivo), cláusula pétrea de nossa Constituição atual, no art. 5º, XXIII, aplicando-se nesse contexto a todo e qualquer tipo de propriedade.

Ademais, sua consignação como princípio específico da ordem econômica, levando em conta os demais princípios dessa mesma ordem e seu outro fundamento, qual seja, a valorização do trabalho humano, permite concluir que a Constituição Federal, neste particular, cuida da *propriedade dos bens de produção*, ou seja, aqueles bens que se aplicam à produção de outros bens ou rendas e que, no sistema de economia de mercado, tendem a se organizar em empresas privadas.

Por isso que:

> O princípio da função social da propriedade, para logo se vê, ganha substancialidade precisamente quando aplicado à propriedade dos bens de produção, ou seja, na disciplina jurídica da propriedade de tais bens, implementada sob compromisso com sua destinação (...). Na verdade, ao nos referirmos à função social dos bens de produção em dinamismo, estamos a aludir à *função social da empresa*.[23]

Ora, se a função social da propriedade, quando considerada como princípio da ordem econômica, faz referência à função social da empresa, então mais uma vez fica clara a conexão entre a propriedade privada, sua função social e a livre iniciativa, da forma como esta foi insculpida como fundamento e mecanismo essencial da *ordem econômica constitucional*.

---

[21] SILVA. *Curso de direito constitucional positivo*, 13. ed., p. 743.
[22] FONSECA. *Direito econômico*, 5. ed., p. 128.
[23] GRAU. *Elementos de direito econômico*, p. 128.

Ao estabelecer a função social da propriedade como um dos princípios da ordem econômica mais uma vez a Constituição Federal condiciona a livre iniciativa, fundamento desta mesma ordem. Além disso, tal condicionamento conecta o princípio ora estudado ao art. 173 do Diploma Máximo, que trata da forma participativa de atuação do Estado na ordem econômica, pois confere conteúdo à necessidade ali descrita como condição para tal atuação, no concernente ao "relevante interesse coletivo", ou seja, fazer cumprir a função social da propriedade é um interesse coletivo relevante.[24] Tal afirmação será melhor compreendida ao estudarmos as formas de atuação do Estado na ordem econômica.

Por fim, o princípio da função social da propriedade, é também o vetor de interpretação dos artigos 182 a 191 do texto constitucional, "traçando parâmetros para uma adequada política urbana e uma justa política agrária",[25] e nesse sentido atuando complementarmente ao princípio geral estabelecido no art. 5º, XXIII, do Texto Magno.[26]

Também neste contexto (da livre iniciativa como um dos fundamentos de nossa *ordem econômica constitucional*) se discute o conteúdo material do parágrafo único do art. 170 do Texto Maior,[27] já que "o conteúdo desse dispositivo já está incluído no *caput* do artigo que assegura a liberdade de iniciativa".[28] Cabe transcrever o dispositivo:

Art. 170. (...)

Parágrafo único. É assegurado a todos o livre exercício de qualquer atividade econômica, independentemente de autorização de órgãos públicos, salvo nos casos previstos em lei.

---

[24] No mesmo sentido, cf. SILVA. *Curso de direito constitucional positivo*, 13. ed., p. 745-746.

[25] FONSECA. *Direito econômico*, 5. ed., p. 128.

[26] Chimenti *et al.*, ao debruçarem-se sobre o conceito de propriedade privada e sua função social, estabelecem outras conexões constitucionais e infraconstitucionais de tais conceitos que merecem ser referenciadas, a saber: a) com o art. 20, VIII, IX e X da Constituição Federal, que abre uma exceção ao princípio do art. 526 do Código Civil de que a propriedade do solo abrange a do subsolo; b) com o art. 176, também da Constituição, que estabelece a propriedade da União sobre as jazidas minerais e potenciais de energia hidráulica; c) com o art. 178, §2º, do texto constitucional, que traz a necessidade de que sejam brasileiros os armadores, proprietários e comandantes das embarcações para que as mesmas sejam consideradas nacionais; d) também com: art. 21, XX, relativo à competência legislativa para o desenvolvimento urbano; e) com os artigos 182 e 183 e art. 5º, XXIV, da Constituição, quando tratam das possibilidades de desapropriação; f) com a Lei 10.257/2001, estatuto da cidade e o art. 1240 do novo Código Civil. Cf. CHIMENTI *et al. Curso de direito constitucional*: de acordo com as emendas constitucionais n. 50/2006 e 51/2006 e o projeto de emenda da verticalização eleitoral, 3. ed., p. 520-523.

[27] SILVA. *Curso de direito constitucional positivo*, 13. ed., p. 725.

[28] FONSECA. *Direito econômico*, 5. ed., p. 133.

Tal dispositivo é uma decorrência lógica do direito fundamental ao exercício de qualquer trabalho, ofício ou profissão, insculpido como cláusula pétrea constitucional no art. 5, XIII, da Constituição Federal. Nesse sentido, veja-se que tal liberdade também não pode ser considerada como absoluta, pelo contrário, ela é condicionada pelos princípios da ordem econômica constitucional e, assim, trata-se, em suma, da *liberdade de desenvolvimento empresarial nos marcos e limites estabelecidos pelo Estado* em seu objetivo de garantir a existência digna de todos, conforme os ditames da justiça social.[29]

1.3.3 Livre concorrência

(dispositivos conexos: art. 173, §4º; art. 146-A, CF; Lei nº 12.529/2011)

Também este princípio bem demonstra a opção pelo sistema de mercado da Constituição de 1988, uma vez que a livre concorrência nada mais é do que uma das manifestações da liberdade de iniciativa,[30] sendo certo que "o constituinte optou por um aspecto positivo ao adotar como princípio a liberdade de concorrência. Até então os textos constitucionais se preocupavam em reprimir o abuso de poder econômico".[31]

De fato, os textos constitucionais anteriores tinham um viés muito mais repressivo do que incentivador. Já a atual Constituição Federal tem nitidamente um viés incentivador, uma vez que, ao estabelecer ser a livre concorrência um dos princípios da *ordem econômica constitucional*, a Carta Magna afirma que o Estado deve ser o incentivador da livre iniciativa, uma vez que é essa livre iniciativa que produz a livre concorrência.

Por outro lado, além de incentivador, o Estado também deve agir como protetor, por meio da repressão ao abuso de poder econômico.

Assim, tal princípio se conecta com o conteúdo normativo do art. 173, §4º, do texto constitucional, que é exatamente o dispositivo que estabelece a possibilidade de repressão do abuso de poder econômico que vise a dominação de mercados, a eliminação da concorrência e o aumento arbitrário de lucros. Também este o dispositivo que, em consonância com o princípio da livre concorrência, determina a proibição dos monopólios e dos oligopólios privados, uma vez que os monopólios públicos encontram previsão na própria Constituição Federal.[32]

---

[29] No mesmo sentido, cf. SILVA. *Curso de direito constitucional positivo*, 13. ed., p. 726.

[30] No mesmo sentido, cf. SILVA. *Curso de direito constitucional positivo*, 13. ed., p. 726.

[31] FONSECA. *Direito econômico*, 5. ed., p. 129.

[32] No mesmo sentido, cf. CHIMENTI *et al*. *Curso de direito constitucional*: de acordo com as emendas constitucionais n. 50/2006 e 51/2006 e o projeto de emenda da verticalização eleitoral, 3. ed., p. 518.

Art. 173. (...)

§4º A lei reprimirá o abuso do poder econômico que vise à dominação dos mercados, à eliminação da concorrência e ao aumento arbitrário dos lucros.

Veja-se que o princípio da livre concorrência, na forma direta como insculpido no inciso IV do art. 170 do Texto Constitucional, é aplicável a toda a ordem econômica, da mesma forma que todos os outros princípios ali insculpidos.

Assim, *o mesmo sujeita não apenas a iniciativa privada, mas também a atuação estatal na ordem econômica*, seja em sua vertente participativa (consignada no art. 173, excluindo-se o âmbito dos monopólios estatais previstos no art. 177, também da Constituição Federal), seja em sua vertente reguladora, promotora e planejadora dessa mesma ordem econômica (prevista no art. 173, parágrafos 4º e 5º, e no art. 174 da Constituição Federal).

Nesse sentido: "Ofende o princípio da livre concorrência Lei municipal que impede a instalação de estabelecimentos comerciais do mesmo ramo em determinada área" (STF, Súmula nº 646).

A interpretação jurisprudencial do princípio ora estudado se dá, exatamente, porque tal lei municipal não estaria cumprindo sua função incentivadora da livre concorrência, pelo contrário. Deve-se considerar, contudo, que a regulação e execução das políticas urbanas é de competência municipal, conforme se verá, e tal competência pode determinar restrições à ocupação urbana que sempre interagem com o princípio de livre concorrência.[33]

Também nesse sentido, a conexão de tal princípio com o dispositivo do art. 146-A do Texto Constitucional, de modo a demonstrar a concretização da função incentivadora de tal princípio, o qual possibilita, por meio de lei complementar, o estabelecimento de critérios

---

[33] Nesse sentido, veja-se julgado do próprio STF, a saber: "Município de Belo Horizonte. Pedido de licença para instalação de posto de revenda de combustíveis. Superveniência de lei (Lei nº 6.978/95, art. 4º, §1º) exigindo distância mínima de duzentos metros de estabelecimentos como escolas, igrejas e supermercados (...). Requerimento de licença que gerou mera expectativa de direito, insuscetível — segundo orientação assentada na jurisprudência do STF —, de impedir a incidência de novas exigências instituídas por lei superveniente, *inspiradas não no propósito de estabelecer reserva de mercado, como sustentado, mas na necessidade de ordenação física e social da ocupação do solo no perímetro urbano e de controle de seu uso em atividade geradora de risco, atribuição que se insere na legítima competência constitucional da municipalidade*" (RE nº 235.736, Rel. Min. Ilmar Galvão. *DJ*, 26 maio 2000).

especiais de tributação com o objetivo de prevenir "desequilíbrios da concorrência".[34]

Nesse passo, além de ser um princípio da ordem econômica, a manutenção da livre concorrência também é um dos fatores determinantes da atuação do Estado na economia.[35]

Por isso que João Bosco Leopoldino da Fonseca é expresso ao afirmar que "o conteúdo desse dispositivo (art. 173, §4º) é a contrapartida à atuação do Estado para defender e garantir a livre atuação das empresas no mercado".[36]

Por fim, a livre concorrência também se conecta diretamente com o conteúdo material da Nova Lei do CADE (Lei nº 12.529/2011), que a respeito do tema repete o conteúdo da Lei nº 8.884/94, e em seu art. 1º reitera alguns dos princípios da ordem econômica para declinar seu objetivo de prevenção e repressão das infrações contra a ordem econômica. As formas de atuação do Estado na ordem econômica, bem como o direito concorrencial serão objeto de estudos específicos mais a frente.

1.3.4 Defesa do consumidor

(dispositivos conexos: art. 5º, XXXII, CF; Lei nº 8.078/90)

Os princípios estabelecidos pelos incisos V, VI, VII e VIII do art. 170 do Texto Constitucional são considerados pela doutrina como princípios integradores,[37] uma vez que se integram direta e explicitamente a tratamentos constitucionais específicos para cada um deles, previstos em partes distintas da própria Constituição Federal, fazendo assim a integração da *ordem econômica constitucional* com demais institutos do Texto Maior.

O princípio de defesa do consumidor já vem insculpido como um dos direitos fundamentais previstos Texto Constitucional no art. 5º, XXXII, considerado como um dos *direitos coletivos* "porque conferidos não em função do interesse individual, mas da coletividade, específica

---

[34] Art. 146-A. Lei complementar poderá estabelecer critérios especiais de tributação, com o objetivo de prevenir desequilíbrios da concorrência, sem prejuízo da competência de a União, por lei, estabelecer normas de igual objetivo (*Incluído pela Emenda Constitucional nº 42, de 19.12.2003*).

[35] No mesmo sentido, cf. SILVA. *Curso de direito constitucional positivo*, 13. ed., p. 727.

[36] FONSECA. *Direito econômico*, 5. ed., p. 138.

[37] Nesse sentido, cf. SILVA. *Curso de direito constitucional positivo*, 13. ed., p. 728; e CHIMENTI *et al. Curso de direito constitucional*: de acordo com as emendas constitucionais n. 50/2006 e 51/2006 e o projeto de emenda da verticalização eleitoral, 3. ed., p. 516.

ou genérica".[38] Nesse sentido, ao ser consignado também como um dos princípios da ordem econômica constitucional, tem o "relevante efeito de legitimar todas as medidas de intervenção estatal necessárias a assegurar a proteção prevista".[39]

Assim, o princípio de defesa do consumidor, que é entendido como um limitador interpretativo da livre iniciativa, também deve ser tomado como vetor de interpretação da livre concorrência (se conectando com a repressão ao abuso de poder econômico), confirmando a tese aqui esposada de que, mesmo situando-se a ordem econômica dentro da "economia de mercado", nenhum dos pressupostos capitalistas é tomado como absoluto.

Nesse sentido, Fonseca expressamente afirma que "ao Estado interessa, também como uma das formas de preservar e garantir a livre concorrência, proteger o consumidor através da adoção de políticas econômicas adequadas".[40]

Veja-se que a Lei nº 12.529/2011, a qual já dissemos estar diretamente conectada ao princípio da livre concorrência, expressamente confirma tal entendimento ao dizer-se orientada pelos ditames constitucionais, entre outros, de defesa dos consumidores, conforme seu art. 1º.

Por fim, tal princípio se conecta diretamente com o conteúdo material da Lei nº 8.078/90 (Código de Defesa do Consumidor), em especial no tocante ao seu art. 4º, que estabelece os parâmetros da política nacional de relações de consumo e fixa os princípios que devem nortear o Estado na implementação dessa política. Conforme se verá, o Supremo Tribunal Federal, em coerência com tal dispositivo constitucional, não afasta a incidência das normas do Código de Defesa do Consumidor em relação a nenhum âmbito de abrangência da ordem econômica constitucional.[41]

---

[38] SILVA. *Curso de direito constitucional positivo*, 13. ed., p. 251.
[39] SILVA. *Curso de direito constitucional positivo*, 13. ed., p. 255.
[40] FONSECA. *Direito econômico*, 5. ed., p. 129.
[41] Nesse sentido, cf. ADI nº 2.591, Rel. Min. Eros Grau, *DJ*, 29 set. 2006, que explicitamente afirmou estarem as instituições financeiras também submetidas à incidência das normas do Código de Defesa do Consumidor.

1.3.5 Defesa do meio ambiente, inclusive mediante tratamento diferenciado conforme o impacto ambiental dos produtos e serviços e de seus processos de elaboração e prestação

(dispositivos conexos: art. 225, IV, V, e §2º; art. 173, §5º, CF)

Nas palavras de Fonseca: "Este princípio constitui-se numa limitação do uso da propriedade. Visa colocar a atividade industrial ou agrícola (propriedade privada dos bens de produção) nos limites dos interesses coletivos".[42]

Nesse sentido, tal proteção ao meio ambiente deve condicionar a atividade produtiva e também possibilita ao Poder Público a intervenção na atividade econômica justamente para fazer valer essa proteção ambiental.[43]

Assim, a ele também são aplicáveis as considerações já feitas ao tratarmos da conexão do art. 173 do Texto Constitucional (atuação participativa do Estado na economia) no tocante ao princípio de primazia da função social da propriedade dos bens de produção (art. 170, III, da Constituição Federal), no sentido de que a proteção ao meio ambiente também confere conteúdo à necessidade ali descrita como condição para tal atuação, no concernente ao "relevante interesse coletivo", ou seja, fazer cumprir a função social da propriedade é um interesse coletivo relevante, especificamente no tocante à proteção do meio ambiente.[44]

Veja-se, ainda, que tal princípio integra a "ordem econômica" na "ordem social", uma vez que conecta diretamente o art. 170 da Constituição Federal ao Capítulo VI do Título VIII da Carta Magna relativo à ordem social, especificamente ao seu art. 225, que trata do meio ambiente, nos incisos IV, V, e §2º.[45]

---

[42] FONSECA. *Direito econômico*, 5. ed., p. 130.

[43] No mesmo sentido, cf. SILVA. *Curso de direito constitucional positivo*, 13. ed., p. 728.

[44] Nesse sentido: "A incolumidade do meio ambiente não pode ser comprometida por interesses empresariais nem ficar dependente de motivações de índole meramente econômica, ainda mais se se tiver presente que a atividade econômica, considerada a disciplina constitucional que a rege, está subordinada, dentre outros princípios gerais, àquele que privilegia a 'defesa do meio ambiente' (CF, art. 170, VI), que traduz conceito amplo e abrangente das noções de meio ambiente natural, de meio ambiente cultural, de meio ambiente artificial (espaço urbano) e de meio ambiente laboral" (ADI nº 3.540-MC, Rel. Min. Celso de Mello. *DJ*, 3 fev. 2006).

[45] Art. 225. Todos têm direito ao meio ambiente ecologicamente equilibrado, bem de uso comum do povo e essencial à sadia qualidade de vida, impondo-se ao poder público e à coletividade o dever de defendê-lo e preservá-lo para as presentes e futuras gerações.

Mas não apenas isso, o princípio de preservação do meio ambiente também é fator de conexão do art. 170 com os dispositivos que, seguidamente, tratarão do meio ambiente urbano, cuidando de estabelecer uma política urbana, conforme estudaremos, tendente a criar "existência digna" para todos aqueles que, habitando os centros urbanos, produzem as riquezas necessárias ao desenvolvimento da Nação.

Nessa medida, a preservação do meio ambiente também é fator de valorização do trabalho humano (instrumento fundamental da ordem econômica), operando sobre todos os tipos de meio ambiente, ou seja, o meio ambiente produtivo, o meio ambiente laboral, o meio ambiente urbano, rural, agrícola e natural.

Por fim, sendo o princípio de preservação do meio ambiente um dos vetores de interpretação da ordem econômica, também a ele se dirige o art. 173 do Texto Constitucional, em seu §5º, ao consignar a possibilidade de responsabilização de pessoa jurídica pelos atos que, ao atentarem contra o meio ambiente, estarão atentando também contra a ordem econômica constitucional.[46]

> Art. 173. (...)
>
> §5º A lei, sem prejuízo da responsabilidade individual dos dirigentes da pessoa jurídica, estabelecerá a responsabilidade desta, sujeitando-a às punições compatíveis com sua natureza, nos atos praticados contra a ordem econômica e financeira e contra a economia popular.

1.3.6 Redução das desigualdades regionais e sociais

(dispositivos conexos: art. 3º, III; art. 43, §2º; art. 165, §1º; art. 174, CF)

Tal princípio é explicitamente conectado aos objetivos da República previstos no art. 3º do Diploma Constitucional, especificamente seu inciso III ("erradicar a pobreza e a marginalização e reduzir as desigualdades sociais e regionais"), do qual é uma parcela do texto.

Em sendo assim, sua conexão também se dá com o art. 43 da Constituição Federal, através do qual a União articula suas ações em um mesmo complexo geoeconômico e social, visando o seu desenvolvimento e a redução das desigualdades regionais, admitindo-se inclusive a possibilidade de incentivos regionais.[47]

---

[46] No mesmo sentido, cf. SILVA. *Curso de direito constitucional positivo*, 13. ed., p. 773.

[47] Art. 43. Para efeitos administrativos, a União poderá articular sua ação em um mesmo complexo geoeconômico e social, visando a seu desenvolvimento e à redução das desigualdades regionais.

Ademais, tal princípio também integra a ordem econômica com as preocupações constitucionais relativas a normativa orçamentária, previstas no art. 165, §1º, do Texto Constitucional, a qual deve ser regionalizada, conduzindo diretamente a uma das formas de atuação do Estado na ordem econômica, sua vertente planejadora, instituída no art. 174, que será objeto de comentários mais específicos.

1.3.7 Busca do pleno emprego

(dispositivos conexos: art. 1º, IV; artigos 6º e 7º, CF)

O princípio relacionado à busca do pleno emprego é consequência lógica da valorização do trabalho como um dos fundamentos e mecanismos da ordem econômica.

Nesse sentido, Fonseca afirma que "(...) a preocupação do constituinte se centra na ênfase do desenvolvimento, bem como na garantia de aproveitamento adequado de todas as potencialidades do país dentro do princípio da eficiência".[48]

Tal princípio encontra-se perfeitamente adequado, por exemplo, ao art. 1.3 da Carta da ONU, que traz o pleno emprego como uma das metas a serem alcançadas por aquela organização internacional, também conectando nosso Direito Econômico com o Direito Econômico Internacional. Tal se faz por meio da influência das ideias de Keynes, segundo as quais o desenvolvimento se dá pelo pleno emprego e, por isso, se justifica a intervenção estatal nos mercados.[49]

Nesse sentido, a ordem econômica (em tese) não admite as políticas de cunho recessivo, já que deve buscar, nas palavras de José Afonso da Silva:

> (...) propiciar trabalho a todos quantos estejam em condições de exercer uma atividade produtiva (...) quer-se que o trabalho seja a base do sistema econômico, receba tratamento de principal fator de produção e participe do produto da riqueza e da renda em proporção de sua posição na ordem econômica.[50]

---

[48] FONSECA. *Direito econômico*, 5. ed., p. 133.
[49] Para aprofundar-se neste tema, cf. HUNT; SHERMAN. *História do pensamento econômico*, 3. ed., especialmente o Capítulo XI.
[50] SILVA. *Curso de direito constitucional positivo*, 13. ed., p. 728.

CAPÍTULO 1
A MATRIZ CONSTITUCIONAL | 31

1.3.8 Tratamento favorecido para empresas de pequeno porte constituídas sob as leis brasileiras e que tenham sua sede e administração no País

(dispositivos conexos: art. 179; art. 146, III, "d" e parágrafo único, CF; art. 1.126, Código Civil de 2002)

A alteração constitucional promovida pela Emenda Constitucional nº 6/95 determinou a modificação de redação deste princípio, além da revogação do antigo art. 171. Com isso findaram-se as discussões relativas aos conceitos de "empresas brasileiras", "empresas brasileiras de capital nacional" e "empresas não brasileiras".

Hoje apenas importa ao Texto Constitucional o conceito de *empresa brasileira*, que corresponde àquela que, constituída sob as leis brasileiras, tenha sede e administração no País. Veja-se que tal conceituação se coaduna com o princípio de soberania econômica, já estudado, de forma a integrar a *ordem econômica constitucional* ao sistema econômico globalizado.

Perceba-se, ainda, que essa é a mesma definição utilizada no art. 176, §1º, do Diploma Constitucional, relativo às empresas que podem obter concessão ou autorização da União para pesquisa e lavra de recursos minerais.[51] Também esta é a definição de sociedade nacional exposta no art. 1.126 do Código Civil de 2002.[52]

Em sendo a empresa de pequeno porte, o princípio aplica-se de imediato, não se questionando mais a respeito da nacionalidade de seu capital ou de seus titulares.

Ademais, conforme o art. 179 da Constituição, será a lei que definirá o que seja a empresa de pequeno porte, mas desde pronto resta consignado que a microempresa faz parte desse grupo,[53] ao qual, em obediência ao princípio citado, será concedido um tratamento jurídico diferenciado, justamente visando o seu desenvolvimento e incentivo. Cabe a transcrição de tal dispositivo:

---

[51] Art. 176. (...)

§1º A pesquisa e a lavra de recursos minerais e o aproveitamento dos potenciais a que se refere o *caput* deste artigo somente poderão ser efetuados mediante autorização ou concessão da União, no interesse nacional, por brasileiros ou empresa constituída sob as leis brasileiras e que tenha sua sede e administração no País, na forma da lei, que estabelecerá as condições específicas quando essas atividades se desenvolverem em faixa de fronteira ou terras indígenas.

[52] Art. 1.126. É nacional a sociedade organizada de conformidade com a lei brasileira e que tenha no País a sede de sua administração.

[53] Nesse sentido, cf. CHIMENTI *et al. Curso de direito constitucional*: de acordo com as emendas constitucionais n. 50/2006 e 51/2006 e o projeto de emenda da verticalização eleitoral, 3. ed., p. 516.

Art. 179. A União, os Estados, o Distrito Federal e os Municípios dispensarão às microempresa e às empresa de pequeno porte, assim definidas em lei, tratamento jurídico diferenciado, visando a incentivá-las pela simplificação de suas obrigações administrativas, tributárias, previdenciárias e creditícias, ou pela eliminação ou redução destas por meio de lei.

Exatamente em cumprimento a tal mandato é que veio à luz o Estatuto da Micro e Pequena Empresa (Lei Complementar nº 123, de 14.12.2006), o qual, nos termos de seu art. 3º, I e II, estabelece como "microempresa" aquela cuja receita bruta anual não supere trezentos e sessenta mil reais, e como "pequena empresa" aquela cuja receita bruta anual encontre-se na faixa entre trezentos e sessenta mil e três milhões e seiscentos mil reais,[54] desde que não sendo filial, sucursal ou agência de pessoa jurídica com sede no exterior (art. 3º, §4º, I).

No concernente às disposições tributárias, tal princípio também encontra efetivação por meio do art. 146, III, "d" e parágrafo único do Diploma Constitucional, que afirmam competir à lei complementar o estabelecimento de regime tributário favorecido a tais empresas, inclusive com a possibilidade de regime de recolhimento único relativamente a todos os entes federados.[55] Nesse sentido, o supramencionado Estatuto da Micro e Pequena Empresa, por meio de seu art. 12, fez a implantação do chamado *Simples Nacional,* sistema único de arrecadação federal que se integra aos sistemas estaduais.

1.4 Demais dispositivos constitucionais relevantes

Nas palavras de Fonseca, "a partir do art. 172, passamos a encontrar regras de conduta, imperatividade de comportamento".[56] De fato, os demais dispositivos constitucionais relevantes da ordem econômica, utilizando-se dos conceitos traçados pelo *caput* e incisos do art. 170 da Constituição, trazem à baila mandamentos específicos que visam a concretização dos princípios e fundamentos de nossa ordem econômica, estabelecendo condutas e regramentos que são complementados infraconstitucionalmente.

---

[54] Alteração de valores conforme disposto por meio de alteração legislativa de novembro de 2011.

[55] Para aprofundar os estudos a respeito das interações entre o Direito Econômico e o Direito Tributário, veja-se o também nosso: *Economic Globalization and Tax Evasion,* publicado pelo Institute for Brazilian Issues (IBI) – George Washington University School of Business, 2010. Disponível em: <http://www.gwu.edu/%7Eibi/minerva/Fall2010/Sergio.pdf>.

[56] FONSECA. *Direito econômico,* 5. ed., p. 49.

CAPÍTULO 1
A MATRIZ CONSTITUCIONAL | 33

Nesse sentido, de forma a estudarmos de maneira plena tais dispositivos constitucionais é necessário consignar, sempre que possível, os diplomas legais concernentes aos mesmos. Sob esse enfoque é que se passa, agora, ao estudo dos demais dispositivos constitucionais relevantes.

1.4.1 Capital estrangeiro

(dispositivos conexos: art. 170, I; art. 192, CF; Lei nº 4.131/62)

Art. 172. A lei disciplinará, com base no interesse nacional, os investimentos de capital estrangeiro, incentivará os reinvestimentos e regulará a remessa de lucros.

O art. 172 da Constituição Federal não oferece problemas quanto a sua interpretação, face sua redação absolutamente objetiva. Sua conexão se estabelece diretamente com o art. 170, I, do Diploma Constitucional, ou seja, *a regulação do capital estrangeiro se situa dentro do âmbito de aplicação da soberania econômica nacional.*

Assim, a Constituição Federal não repudia o capital estrangeiro apenas, em face do princípio da soberania, deixa claro que sua regulação se fará com base no interesse nacional.[57]

Nesses termos se dá, por exemplo, a possibilidade de participação do capital estrangeiro nas instituições que integram o Sistema Financeiro Nacional, conforme a atual redação do art. 192 da Carta Magna, dependente de lei complementar, conforme se verá no momento oportuno.

Outro exemplo são as regras de tributação dos investimentos estrangeiros feitos no mercado financeiro,[58] que explicitamente convidam à entrada, em território nacional, de capitais estrangeiros, por meio de uma tributação mais favorecida, especialmente no caso do Imposto de Renda.

Deve ser consignado, contudo, que como decorrência da crise financeira mundial que se instalou a partir de 2008, no presente período o Imposto sobre Operações Financeiras (IOF) tem sido utilizado como instrumento de política cambial no sentido de diminuir o incentivo a entrada de capitais especulativos no Brasil, motivo pelo qual sofreu

---

[57] No mesmo sentido, cf. SILVA. *Curso de direito constitucional positivo*, 13. ed., p. 730; CHIMENTI *et al. Curso de direito constitucional*: de acordo com as emendas constitucionais n. 50/2006 e 51/2006 e o projeto de emenda da verticalização eleitoral, 3. ed., p. 517; e ARAÚJO. *Resumo de direito econômico*, 2. ed., p. 62.

[58] Conforme as normativas tributárias aplicáveis até dezembro de 2011 – Lei nº 8.981/95 IR (art. 78, I) e Decreto nº 3.000/99 RIR (artigos 3º, 682, 778 e 783).

sucessivos aumentos de alíquotas (até 2008, 1,5%; em 2009, 2%; em 2010, dois aumentos em outubro, para 4% e 6%; em 2012, inclusão dos empréstimos externos de até 5 anos na alíquota de 6%).

Nesses casos, o fator de *discrímen* da tributação é o registro ou não de tais investimentos no Banco Central do Brasil – BACEN (esse registro é chamado FIRCE), como forma de estabelecer-se o controle sobre tal fluxo de investimentos. Assim, com base na existência de tal registro, ou não, a tributação por Imposto de Renda dos capitais estrangeiros investidos no mercado financeiro se dá, atualmente, nos seguintes termos, sempre com relação aos rendimentos auferidos:[59]

Tipo de aplicação	Capital registrado	Capital não registrado	Residente
Ganho em bolsa (à vista, termo ou opções)	Isento	Tributação em 15%	Tributação em 10% RIR art. 758
Ouro como ativo financeiro (balcão)	Isento	Tributação em 15%	Tributação em 10% RIR art. 758
Fundos de investimento em ações	Tributação em 10%	Tributação em 15%	Tributação em 10% RIR art. 744
Swap (balcão)	Tributação em 10%	Tributação variável entre 22,5% e 15% – decrescente em função do tempo da aplicação	Tributação em 20% RIR art. 756
Opções flexíveis (balcão)	Tributação em 10%	Tributação em 15%	Tributação em 10% RIR art. 758
Renda Fixa	Tributação em 15%	Tributação variável entre 22,5% e 15% – decrescente em função do tempo da aplicação	Tributação em 20% RIR art. 729

---

[59] Registre-se, contudo, que os níveis de tributação aqui consignados são referentes à capitais estrangeiros não provenientes de paraísos fiscais. Para os capitais provenientes de tais jurisdições (tributação geral por IR inferior a 20%), elencadas em Instrução Normativa da Receita Federal do Brasil, é aplicada a alíquota única de 25% de retenção na fonte. Cf. ASSOCIAÇÃO NACIONAL DAS INSTITUIÇÕES DO MERCADO FINANCEIRO – ANDIMA. *Brasil para investidores estrangeiros*.

O diploma infraconstitucional de regência do capital estrangeiro ainda é, após inúmeras modificações, a Lei nº 4.131/62, marco regulatório estável há quase cinquenta anos, que confere segurança jurídica ao investidor estrangeiro e que o conceitua como:

> Art. 1º Consideram-se capitais estrangeiros, para os efeitos desta lei, os bens, máquinas e equipamentos, entrados no Brasil sem dispêndio inicial de divisas, destinados à produção de bens ou serviços, bem como os recursos financeiros ou monetários, introduzidos no país, para aplicação em atividades econômicas desde que, em ambas as hipóteses, pertençam a pessoas físicas ou jurídicas residentes, domiciliadas ou com sede no exterior.

Tal conceituação se afina com o conceito de propriedade privada que já discutimos ao verificar o princípio estabelecido no inciso II do art. 170 da Constituição Federal, ou seja, o capital estrangeiro também é tratado pelo diploma constitucional com um bem de produção e as restrições e funções sociais da propriedade privada de tais bens, já estudadas, se aplicam também ao capital estrangeiro.

Ademais, tal conceituação deixa claro quais são os critérios objetivos que determinam a possibilidade de que um valor se classifique como capital estrangeiro, a saber:

a) que os valores ingressados (sejam bens ou recursos financeiros) destinem-se à aplicação em atividade econômica, ou seja, potencialmente gerem riqueza e desenvolvimento;

b) que esses mesmos valores sejam de propriedade de pessoas físicas ou jurídicas consideradas *não residentes*, ou seja, domiciliadas ou com sede no exterior; tal critério é que determinará a possibilidade do registro desses valores no Banco Central (logo, não se confunde *capital estrangeiro* com *capital de estrangeiro*, uma vez que ao estrangeiro domiciliado no Brasil não é possível o registro de capital no Banco Central).[60]

A Lei nº 4.131/62 também deixa claro em seu art. 2º que as únicas discriminações possíveis ao capital estrangeiro serão aquelas nela mesma previstas, excetuando-se, por óbvio, as discriminações efetuadas por legislação superveniente em regulação ao próprio art. 172 da Constituição Federal e, em especial, em regulação ao art. 192 do Diploma Constitucional (Sistema Financeiro Nacional). No momento histórico em que promulgada a lei tal preceito acabou com a confusão

---

[60] No mesmo sentido, cf. ARAÚJO. *Resumo de direito econômico*, 2. ed., p. 59.

em torno de inúmeros normativos que estabeleciam condicionamentos ou restrições ao capital estrangeiro e colidiam uns com os outros. Desta feita, a Lei nº 4.131/62 regula cada um dos desdobramentos do art. 172 do Diploma Constitucional, a saber:

- registro (no Banco Central – FIRCE), remessa e reinvestimento – art. 3º ao art. 7º;
- remessas a título de juros, *royalties* e assistência técnica – art. 8º ao art. 16;
- regras contábeis e obrigação de declaração de bens e valores tidos no exterior – art. 17 ao art. 22 (até 2000, tal obrigação de declaração deveria ser cumprida perante a Receita Federal, que não fazia sua exigência especificamente, entendendo-a como inserida no âmbito da declaração de IR; a partir de 2000 tal obrigação passou a ser exigida pelo BACEN, por meio de formulário específico); deve-se consignar, contudo, que esta é uma obrigação do nacional brasileiro, ou seja, em que pese estar disposta na lei ora em estudo, não tem qualquer relação com o capital estrangeiro, na forma como conceituado acima;
- obrigações e infrações de natureza cambial, atribuíveis inclusive às instituições financeiras, bem como as penalidades decorrentes das condutas relativas às mesmas – art. 23 ao art. 36 (tratando-se de dispositivos de direito administrativo sancionador, a competência para a análise dos recursos interpostos contra as decisões que imponham tais penalidades é do Conselho de Recursos do Sistema Financeiro Nacional – CRSFN,[61] de conformidade com o art. 2º, II, "a", do Decreto nº 1.935/96, na redação dada pelo Decreto nº 5.363/2005) — deve ser consignado, contudo, que os ilícitos administrativos de declaração falsa em contrato de câmbio e compensação privada de créditos, sofreram alterações em face da Lei nº 11.371, de nov. 2006;
- regras de crédito externo – art. 37 ao art. 40;
- dispositivos tributários específicos – art. 41 ao art. 49;
- dispositivos diversos – art. 50 ao art. 59.

Por fim, consigne-se, ainda, que tal regramento não guarda qualquer contrariedade aos regramentos do atual Código Civil, os quais nada mais determinam do que um sistema de controle da atividade

---

[61] Considerações a respeito do CRSFN serão expostas no capítulo referente ao Sistema Financeiro Nacional.

de empresas estrangeiras no Brasil, o qual se coaduna integralmente com o princípio de soberania econômica nacional, já discutido, e com o dispositivo do art. 172 da Constituição Federal, ora discutido.

1.4.2 Política urbana

Ao traçar parâmetros de uma política urbana de cunho nacional, levando em conta as inúmeras diferenças regionais existentes em nosso País, a Constituição Federal de 1988, pela primeira vez na história constitucional brasileira, enfrentou assunto relativo às questões urbanísticas e a necessidade de regulação de tais questões de forma a garantir-se a "existência digna de todos".[62]

Desta feita e de forma a conduzir-se diretamente por meio de uma das formas de atuação do Estado na ordem econômica (em sua vertente planejadora, instituída no art. 174 da própria Constituição, conforme ainda veremos), a Constituição Federal estabeleceu com os artigos 182 e 183 um regramento inovador, sempre na busca do *desenvolvimento urbano*, ou seja, integrando-se a uma política nacional de desenvolvimento informada pelos princípios da ordem econômica já discutidos, em especial o de preservação do meio ambiente, entendido o meio ambiente urbano como essencial ao desenvolvimento das atividades econômicas que, em cumprimento ao objetivo maior da ordem econômica, devem possibilitar a existência digna de todos, conforme os ditames da justiça social.

> Art. 182. A política de desenvolvimento urbano, executada pelo Poder Público municipal, conforme diretrizes gerais fixadas em lei, tem por objetivo ordenar o pleno desenvolvimento das funções sociais da cidade e garantir o bem-estar de seus habitantes.

O estabelecimento das diretrizes gerais de desenvolvimento urbano é de competência da União, de conformidade com o art. 21, XX, da Constituição Federal, as quais devem incluir as questões de habitação, saneamento básico e transportes urbanos.[63]

De conformidade com o art. 182, *caput*, retro-transcrito, a solução de tais questões deve ser orientada à busca do "desenvolvimento das

---

[62] No mesmo sentido, cf. SILVA. *Curso de direito constitucional positivo*, 13. ed., p. 747.

[63] Art. 21. Compete à União: (...)
XX - instituir diretrizes para o desenvolvimento urbano, inclusive habitação, saneamento básico e transportes urbanos; (...).

funções sociais da cidade" e a garantia do "bem-estar de seus habitantes", o que, conforme já afirmamos, encontra fundamento no objetivo da Ordem Econômica e efetivação através do princípio de preservação do meio ambiente (art. 170, VI).

A lei geral mencionada é a Lei nº 10.257/2001 (Estatuto da Cidade),[64] que estabelece o regramento básico dos planos diretores que devem ser elaborados pelas câmaras municipais, de conformidade com o §1º do dispositivo constitucional em tela, já que a execução da política de desenvolvimento urbano é de competência municipal.

> Art. 182. (...)
>
> §1º O plano diretor, aprovado pela Câmara Municipal, obrigatório para as cidades com mais de vinte mil habitantes, é o instrumento básico da política de desenvolvimento e expansão urbana.
>
> §2º A propriedade urbana cumpre sua função social quando atende às exigências fundamentais da ordenação da cidade expressas no plano diretor.

Sendo o plano diretor o instrumento básico da política de desenvolvimento e expansão urbana, e sendo a função social da propriedade urbana atendida apenas quando cumpridas as exigências expressas em tal plano diretor, então fica nítido que tal função social tem a ver com o desenvolvimento e expansão urbana, ou seja, vincula-se à ordenação da cidade e ao "solo urbano"; e, em consonância também com o disposto no §4º do mesmo dispositivo, deve cumprir um destino urbanístico, vinculado à edificabilidade e assentamento do sistema viário.[65]

Portanto, nesse aspecto específico, a ordem econômica constitucional não se refere à propriedade de meios de produção, mas à propriedade de bem imóvel localizado em zona considerada urbana pelo plano diretor municipal.

Nas palavras de José Afonso da Silva:

> Com as normas dos artigos 182 e 183, a Constituição fundamenta a doutrina segundo a qual a propriedade urbana é formada e condicionada pelo direito urbanístico a fim de cumprir sua função social específica:

---

[64] Cf. CHIMENTI *et al. Curso de direito constitucional*: de acordo com as emendas constitucionais n. 50/2006 e 51/2006 e o projeto de emenda da verticalização eleitoral, 3. ed., p. 521.

[65] No mesmo sentido, cf. SILVA. *Curso de direito constitucional positivo*, 13. ed., p. 748. Lembrar, ainda, da interação de tal preceito com o princípio da livre concorrência (Seção 1.3.3), quando analisamos a Súmula nº 646 do STF e a confrontamos com julgado do próprio STF relativo a disposições nítidas de ocupação do solo que interagiam com a livre concorrência.

CAPÍTULO 1
A MATRIZ CONSTITUCIONAL | 39

realizar as chamadas funções urbanísticas de propiciar habitação (moradia), condições adequadas de trabalho, recreação e de circulação humana.[66]

Os parágrafos 3º e 4º do art. 182 da Constituição, tratam respectivamente da desapropriação do imóvel urbano e das medidas de força que têm o poder público municipal para fazer valer a adequação do mesmo ao plano diretor, ou seja, cumprir a sua função social, podendo culminar inclusive em situação de desapropriação.

A desapropriação prevista no §3º corresponde à desapropriação comum por utilidade ou necessidade pública, ou por interesse social, já prevista no art. 5º, XXIV, da Carta Magna, e deverá ser feita sempre em dinheiro.

§3º As desapropriações de imóveis urbanos serão feitas com prévia e justa indenização em dinheiro.

Já a desapropriação prevista no inciso III do §4º do mesmo dispositivo é medida de força de última instância, correspondente a uma *desapropriação-sanção*, somente passível de ser utilizada caso as medidas previstas nos incisos anteriores não se mostrem eficazes.

Logo, o disposto no §4º consubstancia a interpretação integradora da função social da propriedade urbana ao desenvolvimento e expansão urbanos, uma vez que indica a necessidade de promover-se a adequada utilização do imóvel, inclusive pela sua edificação, que nada mais é que o "ônus urbanístico imposto ao proprietário de terrenos urbanos".[67]

O descumprimento de tal regra demonstra a falta de adequação do imóvel à sua função social e sujeita o proprietário às sanções, que se aplicam sobre a propriedade.

§4º É facultado ao Poder Público municipal, mediante lei específica para área incluída no plano diretor, exigir, nos termos da lei federal, do proprietário do solo urbano não edificado, subutilizado ou não utilizado, que promova seu adequado aproveitamento, sob pena, sucessivamente de:

I - parcelamento ou edificação compulsórios;

II - imposto sobre propriedade predial e territorial urbana progressivo no tempo;

---

[66] SILVA. *Curso de direito constitucional positivo*, 13. ed., p. 748.
[67] SILVA. *Curso de direito constitucional positivo*, 13. ed., p. 749.

III - desapropriação com pagamento mediante títulos da dívida pública de emissão previamente aprovada pelo Senado Federal, com prazo de resgate de até dez anos, em parcelas anuais, iguais e sucessivas, assegurados o valor real da indenização e os juros legais.

No tocante à menção feita no inciso II do mencionado §4º, cabe aclarar que o Imposto Predial e Territorial Urbano (IPTU) progressivo é medida de justiça fiscal, normalmente atrelada à capacidade contributiva, a qual é vinculada ao valor do imóvel, conforme previsto no inciso I do §1º do art. 156 da Constituição Federal.[68]

Tal progressividade, contudo, não se confunde com a progressividade sanção prevista no dispositivo ora analisado.[69] Tanto assim que a progressividade fiscal somente foi possível após a Emenda Constitucional nº 29/2000, que alterou a redação do mencionado §1º do art. 156 do Diploma Constitucional Pátrio, enquanto a progressividade sanção sempre foi aplicável.

Nesse sentido, veja-se o entendimento do Supremo Tribunal Federal, a saber:

> É inconstitucional a Lei Municipal que tenha estabelecido, antes da emenda constitucional nº 29/2000, alíquotas progressivas para o IPTU, salvo se destinada a assegurar o cumprimento da função social da propriedade urbana. (STF, Súmula nº 668)

A *desapropriação-sanção* diferencia-se da desapropriação ordinária em função de seu fato gerador, qual seja, o descumprimento do ônus urbanístico, e também em função da desnecessidade do pagamento prévio e em dinheiro. Assegura-se o valor real da indenização, mas o pagamento pode ocorrer em até 10 anos e por meio de títulos.

Por sua vez, o art. 183 da Constituição Federal institui o chamado *usucapião pró-moradia*, modalidade excepcional de aquisição de domínio, também ligada à função social da propriedade urbana, já que por meio

---

[68] Art. 156. Compete aos Municípios instituir impostos sobre:
I - propriedade predial e territorial urbana; (...)
§1º Sem prejuízo da progressividade no tempo a que se refere o art. 182, §4º, inciso II, o imposto previsto no inciso I poderá:
I - ser progressivo em razão do valor do imóvel; e
II - ter alíquotas diferentes de acordo com a localização e o uso do imóvel.

[69] Veja-se que esse é o típico caso de "extrafiscalidade", ou seja, utilização do tributo como ferramenta coercitiva no sentido de induzir a um determinado comportamento social. Para aprofundar o tema da "extrafiscalidade", cf. GOUVEIA. *Limites à atividade tributária e o desenvolvimento nacional*: dignidade da pessoa humana e capacidade contributiva.

de tal instituto é possível o atendimento ao plano diretor no tocante às funções urbanísticas: moradia, trabalho, recreação, circulação humana. É o próprio dispositivo constitucional em tela que estabelece os requisitos, modos, bem como as limitações dessa modalidade excepcional de aquisição de domínio.

> Art. 183. Aquele que possuir como sua área urbana de até duzentos e cinqüenta metros quadrados, por cinco anos, ininterruptamente e sem oposição, utilizando-a para sua moradia ou de sua família, adquirir-lhe-á o domínio, desde que não seja proprietário de outro imóvel urbano ou rural.
>
> §1º O título do domínio e a concessão de uso serão conferidos ao homem ou à mulher, ou a ambos, independentemente do estado civil.
>
> §2º Esse direito não será reconhecido ao mesmo possuidor mais de uma vez.
>
> §3º Os imóveis públicos não serão adquiridos por usucapião.

1.4.3 Política agrária

José Afonso da Silva bem afirma:

> A propriedade rural, que se centra na *propriedade da terra, com sua natureza de bem de produção*, tem como utilidade natural a produção de bens necessários à sobrevivência humana, daí porque a Constituição consigna normas que servem de base à peculiar disciplina jurídica (artigos 184 a 191).[70]

Ao tratar da propriedade rural a Constituição Federal novamente volta-se para a *propriedade dos bens de produção*, motivo pelo qual tal matéria se conecta com os incisos II e III do art. 170 do Texto Constitucional, sendo válidos para ela todos os comentários feitos quando da análise de tais dispositivos, inclusive no concernente à conexão com o art. 5º, XXIII, também da Constituição.[71]

De fato, tendo em vista a adoção pelo texto constitucional do sistema econômico capitalista, conforme demonstrado anteriormente, nada mais natural que tratar a propriedade rural como "bem de produção" e, nesse sentido, debruçar-se sobre as maneiras através das quais

---

[70] SILVA. *Curso de direito constitucional positivo*, 13. ed., p. 749.

[71] No mesmo sentido, cf. SILVA. *Curso de direito constitucional positivo*, 13. ed., p. 750; e CHIMENTI *et al. Curso de direito constitucional*: de acordo com as emendas constitucionais n. 50/2006 e 51/2006 e o projeto de emenda da verticalização eleitoral, 3. ed, p. 521.

também esse "bem de produção" seria inserido no sistema capitalista e proporcionaria, a todos, a "existência digna conforme os ditames da justiça social", objetivo maior de nossa ordem econômica constitucional. Assim que, didaticamente, talvez fosse mais interessante verificar-se, inicialmente, os dispositivos constitucionais que orientam tal "bem de produção" dentro de nosso sistema capitalista (artigos 187 a 191 da Constituição Federal), para depois verificar-se a excepcionalidade das regras de reforma agrária, que redirecionam o "bem de produção – terra", face ao não cumprimento de sua função social, para que efetivamente cumpra com tal função dentro da sistemática capitalista constitucional.

Essa, contudo, não foi a opção do constituinte originário. Logo, em face da opção política da Carta Constitucional, nosso estudo se inicia pelas regras relativas a reforma agrária, mas sempre tendo em consideração a opção pelo sistema capitalista na Constituição, o que nos leva a afirmar e demonstrar no decorrer deste capítulo que a reforma agrária deve ser compreendida como uma sistemática excepcional, tendente a multiplicação de capitalistas no campo.

O art. 184, *caput*, da Constituição estabelece a possibilidade de desapropriação de propriedade rural para fins de reforma agrária. Trata-se de mais uma forma de *desapropriação-sanção* (a exemplo da especificada no art. 182, §4º, III, antes discutido), cujo fato gerador é o descumprimento da função social da propriedade.

Tal modalidade de desapropriação, portanto, é excepcional à desapropriação ordinária prevista no art. 5º, XXIV, do Texto Máximo, que deve ter indenização prévia sempre em dinheiro.[72] A indenização em dinheiro, para o caso do art. 184 ora discutido, somente é aplicável às benfeitorias úteis e necessárias (§1º).

> Art. 184. Compete à União desapropriar por interesse social, para fins de reforma agrária, o imóvel rural que não esteja cumprindo, sua função social, mediante prévia e justa indenização em títulos da dívida agrária, com cláusula de preservação do valor real, resgatáveis no prazo de até vinte anos, a partir do segundo ano de sua emissão, e cuja utilização será definida em lei.
>
> §1º As benfeitorias úteis e necessárias serão indenizadas em dinheiro.

---

[72] Nesse sentido: "Reforma agrária – *Desapropriação-sanção* (Constituição Federal, art. 184) – Média propriedade rural (Constituição Federal, art. 185, I) – Lei nº 8.629/93 – Área resultante de divisão amigável – Inexpropriabilidade – Irrelevância de ser, ou não, improdutivo o imóvel rural" (STF, MS nº 21.919, Rel. Min, Celso de Mello, *DJ*, 6 jun. 1997).

O §2º do mesmo artigo define a necessidade de decreto declaratório do imóvel como de interesse social para reforma agrária, de forma a iniciar-se a ação da União com vistas à desapropriação, o que se faz necessário em obediência ao princípio de legalidade. Tal ação *se estabelece judicialmente por meio de procedimento contraditório especial de rito sumário*, previsto em lei complementar, de conformidade com o §3º do art. 184. Atualmente aplica-se a Lei Complementar nº 76/93, com alterações introduzidas pela Lei Complementar nº 88/96.[73] Por sua vez, é a Lei nº 8.629/93, que regulamenta os procedimentos administrativos de aplicabilidade aos dispositivos constitucionais relativos à reforma agrária.

> Art. 184. (...)
>
> §2º O decreto que declarar o imóvel como de interesse social, para fins de reforma agrária, autoriza a União a propor a ação de desapropriação.
>
> §3º Cabe à lei complementar estabelecer procedimento contraditório especial, de rito sumário, para o processo judicial de desapropriação.
>
> §4º O orçamento fixará anualmente o volume total de títulos da dívida agrária, assim como o montante de recursos para atender ao programa de reforma agrária no exercício.
>
> §5º São isentas de impostos federais, estaduais e municipais as operações de transferência de imóveis desapropriados para fins de reforma agrária.

O §4º, por sua vez, conecta o dispositivo em questão às necessidades de *previsão orçamentária*, ou seja, ao conteúdo normativo do art. 165 do Diploma Constitucional.[74]

Por sua vez, o §5º acima transcrito isenta de tributação as transferências patrimoniais decorrentes de tal procedimento, estabelecendo clara conexão com o art. 155, I, relativo ao imposto sobre doações, com o art. 156, II, relativo ao Imposto sobre Transmissão de Bens *Intervivos* (ITBI) e também com o art. 153, V, relativo ao Imposto sobre Operações Financeiras (IOF).

Tenha-se em conta que o Supremo Tribunal Federal já considerou que, no caso, não ocorre uma *isenção*, mas sim uma *imunidade*,

---

[73] Veja-se que o plenário do STF, no julgamento do RE nº 247.866, Rel. Min. Ilmar Galvão, declarou a inconstitucionalidade da expressão "em dinheiro para benfeitorias úteis e necessárias, inclusive culturas e pastagens artificiais e (...)", contida no art. 14 da LC nº 76/93.

[74] Art. 165. Leis de iniciativa do Poder Executivo estabelecerão:
I - o plano plurianual;
II - as diretrizes orçamentárias;
III - os orçamentos anuais.

não transferível a terceiros que venham a adquirir os títulos de dívida agrária em negócio jurídico estranho à própria reforma agrária.[75]

Ao voltar-se para a possibilidade de *desapropriação dos bens de produção rural, admitida como uma forma de "desapropriação-sanção"*, a exemplo do previsto no inciso III do §4º do art. 182, já discutido, a Constituição Federal traz à baila, novamente, a discussão da função social da propriedade dos bens de produção.

Ademais, indica também uma forma de intervenção do Estado na economia (especificamente a agrícola), "(...) não para destruir o modelo de produção existente (baseado na propriedade privada), mas apenas para promover a repartição da propriedade e da renda privada",[76] uma vez que nosso sistema é capitalista.[77]

Tanto é assim que o Estatuto da Terra (Lei nº 4.504/64, ainda válida em consonância com os demais dispositivos infraconstitucionais já citados) determina:

> Art. 1º (...)
>
> §1º Considera-se reforma agrária o conjunto de medidas que visem a promover a distribuição da terra, mediante modificações no regime de sua posse e uso, a fim de atender aos princípios de justiça social e ao aumento de produtividade.

Tal função social se vê cumprida, portanto, quando obedecidos os parâmetros impostos pelo art. 170 da Constituição Federal, em seu *caput* e em seus incisos.

A confirmação disso se vê na dicção do art. 185 do Diploma Constitucional, que estabelece a insuscetibilidade de desapropriação da propriedade rural produtiva (II) e da pequena e média propriedade, definida em lei, quando seu proprietário não possua outra (I).

Tais limites se coadunam explicitamente com os fundamentos da livre iniciativa e valorização do trabalho, que regem a ordem econômica, ademais de indicarem a concretização do objetivo maior da ordem econômica, assegurar a todos existência digna, conforme dos ditames da justiça social.

---

[75] Veja-se o RE nº 168.628, Rel. Min. Maurício Correia; e RE nº 168.110, Rel. Min. Moreira Alves. *DJ*, 19 maio 2000.

[76] SILVA. *Curso de direito constitucional positivo*, 13. ed., p. 752.

[77] No mesmo sentido é o entendimento do STF, ao considerar: "O sistema constitucional não tolera a prática de atos, que, concretizadores de invasões fundiárias, culminam por gerar — considerada a própria ilicitude dessa conduta — grave situação de insegurança jurídica, de intranqüilidade social e de instabilidade da ordem pública" (ADI nº 2.213-MC, Rel. Min. Celso de Mello. *DJ*, 23 abr. 2004).

Concomitantemente a tais limites operam os *elementos indicadores do cumprimento da função social da propriedade rural*, que devem ser fixados por lei, atualmente a Lei n° 8.629/93, que estabelece tratamento especial à propriedade produtiva,[78] de conformidade com o parágrafo único do art. 185, mas que já tem suas linhas mestras estatuídas no art. 186 da Constituição Federal, a saber:[79]

a) o aproveitamento racional e adequado;

b) a utilização adequada dos recursos naturais disponíveis;

c) a preservação do meio ambiente;

d) a observância das disposições que regulam as relações de trabalho;

e) a exploração que favoreça o bem-estar dos proprietários e trabalhadores.

Desse modo, "deve-se entender por reforma agrária um pensamento genérico de democratização da propriedade rural, porém tendo em vista sobretudo o aumento da produtividade".[80] Trata-se, portanto, de excluir-se a propriedade privada do grande "bem de produção – terra" improdutivo e transformá-la em várias propriedades privadas de menores "bens de produção – terra" que, assim, possam se tornar produtivos e cumpram com sua função social, levando um dos fundamentos do capitalismo (a propriedade privada dos bens de produção) até aqueles que não logravam obtê-lo naturalmente.

Tais dispositivos conectam-se, ainda, com o art. 153, VI, §4° (incisos I e II) do Diploma Constitucional pátrio, que ao estabelecer o Imposto Territorial Rural (ITR) como de competência da União, possibilitou a sua progressividade de forma a desestimular a manutenção de propriedades improdutivas, e determinou a sua não incidência às pequenas glebas rurais exploradas pelo proprietário que não possua outro imóvel.[81]

---

[78] Veja-se o entendimento do STF: "A pequena e média propriedades rurais, cujas dimensões físicas ajustem-se aos parâmetros fixados em sede legal (Lei n° 8.629/93, art. 4°, II e III), não estão sujeitas, em tema de reforma agrária, ao poder expropriatório da União Federal, em face da cláusula de inexpropriabilidade fundada no art. 185, I, da Constituição da República, desde que o proprietário de tais prédios rústicos, sejam eles produtivos ou não, não possua outra propriedade rural" (MS n° 23.006, Rel. Min. Celso de Mello. *DJ*, 29 ago. 2003).

[79] Novamente aqui se aplicam as considerações do STF expressas na ADI n° 2.213-MC, Rel. Min. Celso de Mello. *DJ*, 23 abr. 2004.

[80] FERREIRA. *Comentários à Constituição brasileira*, v. 6, p. 455.

[81] Art. 153. Compete à União instituir impostos sobre: (...)
VI - propriedade territorial rural; (...)
§4° O imposto previsto no inciso VI do *caput*:

SÉRGIO AUGUSTO G. PEREIRA DE SOUZA
PREMISSAS DE DIREITO ECONÔMICO

Como se vê, mais uma vez, *o conceito de função social encontra estreita ligação com os demais princípios que regem a ordem econômica.*

Deve-se consignar também que, sendo a desapropriação para fins de reforma agrária um tipo de *desapropriação-sanção*, diferente da desapropriação ordinária prevista constitucionalmente, seus requisitos não condicionam a ocorrência de outro tipo de desapropriação, ou seja, um imóvel rural produtivo não pode ser objeto de desapropriação para fins de reforma agrária, mas isso não impede sua desapropriação para outros fins de utilidade ou necessidade pública, ou por interesse social, conforme previsto no art. 5º, XXIV, da Constituição Federal.[82]

Os artigos 187 a 191 da Constituição completam os regramentos relativos à política agrária, a qual não diz respeito exclusivamente à reforma agrária, uma vez que seu objetivo é o estímulo à atividade agrícola.[83]

Novamente o Estatuto da Terra, Lei nº 4.504/64, determina:

> Art. 1º (...)
>
> §2º Entende-se por política agrícola o conjunto de providências de amparo à propriedade da terra, que se destinem a orientar, seja no sentido de garantir-lhes o pleno emprego, seja no de harmonizá-las com o processo de industrialização do país.

Na visão de Pinto Ferreira:

> A política agrícola deve direcionar-se para o maior fortalecimento da família e encaminhar o rurícola para formas associativas de mais intensa comunhão social, para o cooperativismo, para o sindicato, para os empreendimentos empresariais em forma societária. Desse modo, ela visa buscar maior harmonia social.[84]

Nesse sentido, o art. 187 da Constituição estabelece a necessidade de lei para planificação e execução de tal política, a qual será discutida

---

I - será progressivo e terá suas alíquotas fixadas de forma a desestimular a manutenção de propriedades improdutivas;

II - não incidirá sobre pequenas glebas rurais, definidas em lei, quando as explore o proprietário que não possua outro imóvel;

[82] No mesmo sentido, cf. SILVA. *Curso de direito constitucional positivo*, 13. ed., p. 751.

[83] No mesmo sentido, cf. CHIMENTI *et al. Curso de direito constitucional*: de acordo com as emendas constitucionais n. 50/2006 e 51/2006 e o projeto de emenda da verticalização eleitoral, 3. ed., p. 523.

[84] FERREIRA. *Comentários à Constituição brasileira*, v. 6, p. 454.

CAPÍTULO 1
A MATRIZ CONSTITUCIONAL | 47

por todos os setores envolvidos e levará em conta os instrumentos creditícios, a política de preços, o incentivo à pesquisa, a assistência técnica, o seguro agrícola, etc.

Tal planificação incluirá também os planos agroindustriais, agropecuários, pesqueiros e florestais (§1º) e será compatibilizada com as iniciativas de reforma agrária (§2º). Como se verá futuramente, esse é exemplo típico de intervenção estatal na economia, classificável como normativa e reguladora.

Tendo em vista tais premissas de planificação, em especial a compatibilização com as iniciativas de reforma agrária, alguns sustentam que a desapropriação para fins de reforma agrária deva ser "o último meio a possibilitar a interferência do Poder Público, para levar a propriedade agrária a atender a função social que lhe é inerente, vez que os outros dois, a política agrária e o ITR progressivo, não foram eficazes para o caso".[85]

A Constituição Federal, contudo, não estabelece qualquer sequência explícita, necessária, de atos prévios (além dos já mencionados) à realização da reforma agrária, diferentemente do que foi feito, por exemplo, com relação ao art. 182, §4º, relativo à eventual desapropriação-sanção do imóvel urbano.

O art. 188, por sua vez, consigna que destinação das terras públicas e devolutas (da União) será compatível com a planificação agrícola e com a reforma agrária, e determina a necessidade de aprovação do Congresso Nacional quando da alienação ou concessão de tais terras (§1º), excetuando-se os casos em que tais atos se derem com fins de reforma agrária (§2º). Deve-se ter em conta o dispositivo constitucional do art. 225, §5º, que estabelece a indisponibilidade de terras devolutas estaduais necessárias à proteção de ecossistemas.

Por sua vez o art. 189 estabelece *a inegociabilidade, por dez anos, dos títulos de domínio ou concessão de uso auferidos por meio de reforma agrária*, consignando (da mesma forma que o art. 183, §1º, em relação ao usucapião pró-moradia) que tais títulos podem ser conferidos ao homem ou a mulher, ou a ambos, independentemente do estado civil. Trata-se de medida salutar no sentido de que o bem de produção distribuído por meio da reforma agrária (a terra) seja utilizado exatamente na produção, e não como objeto de especulação imobiliária.

O art. 191 da Constituição Federal estabelece a hipótese de *usucapião pró-labore*, ou seja, a aquisição excepcional de domínio da terra

---

[85] GODOY. *Direito agrário constitucional*: o regime da propriedade, p. 28.

pela posse com trabalho, tornando-a produtiva em consecução de sua função social, relativamente à propriedade rural inferior a 50 hectares, em termos análogos ao estabelecido no art. 183.

Por fim, o art. 190 do Diploma Constitucional pátrio estabelece a necessidade de lei que regule e limite a propriedade ou arrendamento de propriedade rural à pessoa física ou jurídica estrangeira, a qual, atualmente, permanece regida pela Lei nº 5.709/71.

Tal dispositivo se conecta diretamente com o conteúdo específico do princípio da soberania econômica previsto no art. 170, I, ademais de conjugar-se também com o art. 172 do Texto Constitucional, relativo à regulação do capital estrangeiro, não repudiando a propriedade rural estrangeira, mas apenas, em face do princípio da soberania, deixando claro que também este aspecto da ordem econômica encontrará sua regulação com base no interesse nacional e por meio das instituições democráticas brasileiras.

A Lei nº 5.709/71, contudo, anterior ao Diploma de 1988, determinava limitações ligadas ao tamanho das propriedades (calculada por módulos para cada Estado, e nunca superior a um quarto da superfície do município em que a mesma se localizava) ou à necessidade de registro (em livro separado dos cartórios de imóveis com comunicação ao, então, Ministério da Agricultura e Desenvolvimento Agrário).

Tais limitações foram aplicadas até 1994 quando, por meio de parecer interpretativo da Advocacia-Geral da União (reforçado por outro de 1998, após a EC nº 6/95),[86] entendeu-se no âmbito da Administração que essas limitações seriam incompatíveis com a regulação do capital estrangeiro (art. 172, acima discutido), uma vez que estabeleceriam discriminações não aceitas no contexto do tratamento constitucional do mesmo.

Não houve, contudo, um posicionamento jurisprudencial a respeito do tema, o que poderia implicar, a qualquer momento, em revisão, pela própria Administração, de sua interpretação de tais dispositivos. De fato, em 2010, Parecer da Advocacia-Geral da União reviu o entendimento anterior e entendeu perfeitamente aplicáveis as limitações impostas pela legislação discutida,[87] inclusive no tocante às empresas brasileiras sob controle de capital estrangeiro, as quais também têm de

---

[86] Parecer nº GQ-181 da Advocacia-Geral da União, de 1998.

[87] Parecer CGU/AGU nº 01/2008-RVJ, de 3 de setembro de 2008, adotado por despacho do Ministro-Chefe da AGU através do Parecer nº LA-01, em 19.10.2010, Processo nº 00400.000695/2007-00. Disponível em: <http://www.agu.gov.br/SISTEMAS/SITE/PaginasInternas/NormasInternas/AtoDetalhado.aspx?idAto=258351&ID_SITE=>.

obedecer às mesmas restrições das estrangeiras, ou seja, não podendo adquirir mais do que 50 módulos fiscais, com limite máximo de 5.000 hectares. Esse limite varia de acordo com a região do País.

1.4.4 Sistema Financeiro Nacional

> Art. 192. O sistema financeiro nacional, estruturado de forma a promover o desenvolvimento equilibrado do País e a servir aos interesses da coletividade, em todas as partes que o compõem, abrangendo as cooperativas de crédito, será regulado por leis complementares que disporão, inclusive, sobre a participação do capital estrangeiro nas instituições que o integram. (*Redação dada pela Emenda Constitucional nº 40, de 2003*)

O art. 192 da Constituição Federal conecta-se diretamente com o art. 170, *caput*, já discutido e, especialmente, com seus incisos II e III (propriedade privada e função social da propriedade) ao *vislumbrar o Sistema Financeiro Nacional como um instrumento de promoção do desenvolvimento equilibrado do país, a serviço dos interesses da coletividade.*

Nesse sentido, o Sistema Financeiro Nacional é visto também como um *bem de produção* que deve atender, mesmo quando privado, a uma função social conectada à concretização do objetivo maior da ordem econômica, "assegurar a todos existência digna, conforme dos ditames da justiça social".

Sua conexão direta também se dá com o art. 172 do Diploma Constitucional, relativo ao capital estrangeiro na ordem econômica nacional, e, dessa forma, aplicam-se ao mesmo os comentários feitos relativamente ao princípio de soberania econômica, ou seja, não há repulsa ao capital estrangeiro, tanto que Lei Complementar o regulará.

Cabe, aqui, transcrever o entendimento do Supremo Tribunal Federal a respeito da necessidade de Lei Complementar no tocante ao Sistema Financeiro Nacional, a saber:

> Art. 192 da CB/88. Norma-objetivo. Exigência de lei complementar exclusivamente para a regulamentação do sistema financeiro. O preceito veiculado pelo art. 192 da Constituição do Brasil consubstancia norma-objetivo que estabelece os fins a serem perseguidos pelo sistema financeiro nacional, a promoção do desenvolvimento equilibrado do País e a realização dos interesses da coletividade. A exigência de lei complementar veiculada pelo art. 192 da Constituição abrange exclusivamente a regulamentação da estrutura do sistema financeiro. (ADIn nº 2.591/2001, Rel. Min. Eros Grau, *DJ*, 29 set. 2006)

Hoje é pacífico na doutrina e jurisprudência que a Lei nº 4.595/64, normativa maior de regulação do Sistema Financeiro Nacional, também chamada de "lei bancária", foi recepcionada pelo sistema constitucional vigente como se lei complementar fosse,[88] a exemplo do que aconteceu também com o Código Tributário Nacional.

Incluem-se no Sistema Financeiro Nacional as instituições financeiras (públicas ou privadas), as bolsas de valores e de mercadorias, as companhias de seguro, as cooperativas de crédito, de previdência privada e de capitalização,[89] além das entidades que forem legalmente equiparadas à estas (o art. 1º da Lei nº 4.595/64 também inclui o Conselho Monetário Nacional – CMN, o Banco Central do Brasil – BACEN, o Banco do Brasil e o Banco Nacional de Desenvolvimento Econômico e Social – BNDES).

Assim, o conceito de instituição financeira pode ser posto como:

> (...) pessoas jurídicas públicas ou privadas que tenham como atividade principal ou acessória a coleta, intermediação ou aplicação de recursos financeiros próprios ou de terceiros, em moeda nacional ou estrangeira, e a custódia de valores de propriedade de terceiros.[90]

Tal conceito é decorrência clara da análise do art. 17 da Lei nº 4.595/64, cuja redação é:

> Art. 17. Consideram-se instituições financeiras, para os efeitos da legislação em vigor, as pessoas jurídicas públicas ou privadas, que tenham como atividade principal ou acessória a coleta, intermediação ou aplicação de recursos financeiros próprios ou de terceiros, em moeda nacional ou estrangeira, e a custódia de valor de propriedade de terceiros.
>
> Parágrafo único. Para os efeitos desta lei e da legislação em vigor, equiparam-se às instituições financeiras as pessoas físicas que exerçam qualquer das atividades referidas neste artigo, de forma permanente ou eventual.

A Procuradoria-Geral da Fazenda Nacional (PGFN) já teve oportunidade de manifestar entendimento vinculante, no âmbito do Ministério da Fazenda, relativamente ao conceito de instituição

---

[88] SILVA. *Curso de direito constitucional positivo*, 13. ed., p. 755.

[89] No mesmo sentido, cf. CHIMENTI *et al*. *Curso de direito constitucional*: de acordo com as emendas constitucionais n. 50/2006 e 51/2006 e o projeto de emenda da verticalização eleitoral, 3. ed., p. 524.

[90] SILVA. *Curso de direito constitucional positivo*, 13. ed., p. 756.

financeira, por ocasião da prolação do Parecer PGFN/CAF nº 334/2001, que ao final consignou:

> Sustentada pela maioria dos doutrinadores brasileiros e encontrando guarida na maioria das decisões de nossos Tribunais, a melhor interpretação do conceito de instituição financeira é ainda aquela antiga, segundo a qual há necessidade de conjugação dos três pressupostos do *caput* do art. 17 da Lei nº 4.595, de 31 de dezembro de 1964 — coleta, intermediação e aplicação de recursos próprios e de terceiros para a caracterização da atividade de instituição financeira, atividade privativa das instituições autorizadas a funcionar e fiscalizadas pelo Banco Central do Brasil.

Sendo este o conceito de instituição financeira, do mesmo dispositivo legal é possível extrair-se as atividades desenvolvidas pela mesma: "coleta, intermediação ou aplicação de recursos financeiros próprios ou de terceiros, em moeda nacional ou estrangeira, e a custódia de valor de propriedade de terceiros".

Assim, a PGFN firmou entendimento segundo o qual, para que uma entidade seja considerada instituição financeira, a mesma deve, concomitantemente, apresentar as três atividades acima (coleta, intermediação e custódia).

Nesse sentido, a PGFN respaldou posicionamento doutrinário do BACEN, excluindo do conceito de instituição financeira as empresas de *factoring*, uma vez que estas não fariam a "custódia". Logo tais empresas, quando realizam as três funções, são enquadradas pelo BACEN como passíveis de punição administrativa pelo exercício irregular de atividade sem autorização, com altas penalidades pecuniárias e comunicação direta ao Ministério Público Federal. Nesse sentido, também, a razão pela qual o controle preventivo dos atos de lavagem de dinheiro, para tais empresas, é regulamentado via COAF e não BACEN.

1.4.4.1 Limitação dos juros ou encargos

Na redação antiga do art. 192 da Constituição Federal, em seu §3º, estabelecia-se que os juros reais (descontada a inflação) não poderiam ser superiores a 12% ao ano e a cobrança acima desse patamar seria considerada crime de usura.[91]

---

[91] SILVA. *Curso de direito constitucional positivo*, 13. ed., p. 758.

52 | SÉRGIO AUGUSTO G. PEREIRA DE SOUZA
PREMISSAS DE DIREITO ECONÔMICO

A Súmula nº 596 do Egrégio Supremo Tribunal Federal, contudo, determinou a não sujeição das instituições financeiras ao Decreto nº 22.626/33 (Lei da Usura). Nesse sentido, a decisão do STF acabou por suprimir a regulação infraconstitucional exigindo, para que se desse eficácia a tal preceito, que viesse uma nova regulação infraconstitucional (tal dispositivo seria uma norma constitucional de eficácia contida), conforme pacificado na Súmula nº 648.[92]

Com a Emenda Constitucional nº 40/2003 e a revogação de tal parágrafo constitucional a discussão perdeu muito de seu sentido. De qualquer forma, o art. 406 do Código Civil de 2002 estabelece o limite de juros fixados conforme a taxa para pagamentos de impostos devidos à Fazenda Nacional que, na dicção do art. 161 do Código Tributário Nacional, seriam de 1% ao mês, sendo atualmente substituído pela taxa SELIC.

Deve-se ter em conta, contudo, que em já citado julgamento o Supremo Tribunal Federal sujeitou as instituições financeiras — especificamente os bancos — ao cumprimento das regras do Código de Defesa do Consumidor (CDC),[93] em que pese a já sujeição dos mesmos às resoluções nº 2.878 e nº 2.892 do Conselho Monetário Nacional, consideradas pelos mesmos e pelo BACEN como o "manual dos direitos do cliente e usuário de serviços financeiros".

Nesse sentido, o Supremo Tribunal Federal entendeu por submeter tais atividades a disciplina do Código de Defesa do Consumidor, em face do disposto no §2º do art. 3º da Lei nº 8.078/90, que delimita o serviço como "qualquer atividade fornecida no mercado de consumo, mediante remuneração, *inclusive as de natureza bancária, financeira, de crédito e securitária,* salvo as decorrentes das relações de caráter trabalhista".

Tal decisão prestigiou a doutrina de Nelson Nery Junior,[94] que consignou, *in verbis*: "Todas as operações e contratos bancários se encontram sob o regime jurídico do CDC", em detrimento daqueles que

---

[92] Cabe a transcrição das duas súmulas referenciadas:
"As disposições do Decreto nº 22.626/33 não se aplicam às taxas de juros e aos outros encargos cobrados nas operações realizadas por instituições públicas ou privadas que integram o sistema financeiro nacional" (STF, Súmula nº 596).
"A norma do §3º do art. 192 da Constituição, revogada pela EC 40/2003, que limitava a taxa de juros reais a 12% ao ano, tinha a sua aplicabilidade condicionada à edição de lei complementar" (STF, Súmula nº 648).

[93] ADIn nº 2.591/2001, Rel. Min. Eros Grau. *DJ*, 29 set. 2006.

[94] *In*: GRINOVER *et al*. *Código brasileiro de defesa do consumidor*: comentado pelos autores do anteprojeto, p. 311.

não entendem que tais serviços se submetam ao regime jurídico do Código de Defesa do Consumidor.

Nesse sentido, foi expresso o Supremo Tribunal Federal ao consignar:

> Instituições financeiras. Sujeição delas ao Código de Defesa do Consumidor, excluídas de sua abrangência a definição do custo das operações ativas e a remuneração das operações passivas praticadas na exploração da intermediação de dinheiro na economia (art. 3º, §2º, CDC). (ADIn nº 2.591/2001, Rel. Min. Eros Grau, *DJ*, 29 set. 2006)

A referida decisão, por óbvio, se coaduna com o disposto no inciso V do art. 170 do Diploma Constitucional, já comentado, que insere o princípio de defesa do consumidor dentre aqueles que regem a ordem econômica constitucional, da qual o Sistema Financeiro Nacional faz parte. Se tomada em conjunto com o mencionado art. 406 do Novo Código Civil, essa decisão pode restaurar as discussões a respeito da limitação dos juros bancários, em que pese a explícita exclusão dos conceitos de "custo das operações ativas" e "remuneração das operações passivas".

Tanto é assim que, já no ano de 2009, o Superior Tribunal de Justiça (STJ) prolatou a Súmula nº 379, que também trata da matéria, a saber:

> Nos contratos bancários não regidos por legislação específica, os juros moratórios poderão ser convencionados até o limite de 1% ao mês. (STJ, Sumula nº 379)

A própria FEBRABAN, ao questionar a decisão do Supremo Tribunal Federal acima mencionada, afirmou que:[95]

> (...) o preço no mercado financeiro não se forma apenas com o custo envolvido na operação; fatores como disponibilidade e risco decorrente da expectativa de recebimento afetam a taxa de juros e outras taxas cobradas pelos bancos (...).
>
> O cliente e usuário do sistema bancário é consumidor de crédito ou de serviços e tem todos os direitos garantidos dentro da regulamentação aplicável ao sistema financeiro nacional;

---

[95] *In*: RIBEIRO; SALASAR. O sistema protetivo dos clientes bancários: da não aplicação do Código de Defesa do Consumidor às atividades bancárias. *Revista de Direito Bancário e do Mercado de Capitais*, v. 9, n. 32, p. 121, 126.

> As normas expedidas pelo Conselho Monetário Nacional, quanto ao atendimento bancário e produtos financeiros são mais apropriadas à atividade de intermediação de valores e, por serem específicas, mais rigorosas; (...)

Vislumbra-se, pois, que as próprias instituições financeiras compreendem a atividade de intermediação financeira como um serviço colocado à disposição dos clientes, ou um produto financeiro, que tem um preço de comercialização apurável de forma distinta do mero custo da operação.

Essa também é a visão da autarquia reguladora das instituições financeiras, o Banco Central que, em sua Resolução nº 2.892, de 2001, expressamente consignou:

> Art. 2º Ficam as instituições financeiras e demais instituições autorizadas a funcionar pelo Banco Central do Brasil obrigadas a exigir de seus clientes e usuários confirmação clara e objetiva quanto a aceitação do produto ou serviço oferecido ou colocado a sua disposição, não podendo considerar o silêncio dos mesmos como sinal de concordância.

Dessa forma, fica claro que a atividade bancária é constituída por serviços que são disponibilizados aos clientes ou de produtos financeiros a eles comercializados, dentre os quais se inclui a intermediação financeira, por isso mesmo a submissão de tais serviços e produtos ao regime do Código de Defesa do Consumidor.[96]

Diante de tais considerações e levando em conta o conceito de instituição financeira acima mencionado, outra discussão atual que se trava é o da base de cálculo das contribuições sociais (COFINS) para as instituições financeiras, em face da declaração de inconstitucionalidade, pelo Supremo Tribunal Federal, do §1º do art. 3º da Lei nº 9.718/98, que ao definir o conceito de receita bruta, para efeitos da mencionada lei, definiu-o como "a totalidade das receitas auferidas pela pessoa jurídica, sendo irrelevantes o tipo de atividade por ela exercida e a classificação contábil adotada para as receitas".

---

[96] A repercussão de tal submissão no Judiciário brasileiro é patente, tanto assim que o Superior Tribunal de Justiça, em obediência a tal inclinação, já expressou-se em vários julgados e súmulas, sendo destacável a Súmula nº 479, de 29.6.2012, segundo a qual: "as instituições financeiras respondem objetivamente pelos danos gerados por fortuito interno relativo a fraudes e delitos praticados por terceiros no âmbito de operações bancárias", exatamente no sentido apregoado pelo Código de Defesa do Consumidor relativamente ao dever que tem, todo prestador de serviços, inclusive as instituições financeiras, de prover um serviço seguro para os seus clientes.

Nesse passo, a determinar o conceito de faturamento das instituições financeiras restaria apenas o mandamento do art. 2º, *caput*, da Lei Complementar nº 70/91, ou seja, "a receita bruta das vendas de mercadorias, de mercadorias e serviços e de serviços de qualquer natureza".

A discussão que se coloca atualmente é se a receita auferida com a intermediação financeira, fruto do *spread* bancário,[97] se incluiria ou não no estreito conceito de receitas provenientes das vendas de mercadorias, de mercadorias e serviços e de serviços de qualquer natureza.

Nosso entendimento, alicerçado inclusive na supramencionada decisão do Excelso Supremo Tribunal Federal,[98] é de que a natureza jurídica dos serviços de intermediação financeira não é diferente da natureza jurídica de quaisquer outros serviços colocados, pelas instituições financeiras, à disposição de seus clientes. Ontologicamente a única diferença é a forma como se aufere a receita proveniente de tais serviços.

De fato, a receita auferida pelos serviços de fornecimento de talão de cheques, extratos, compensação de cheques, etc., é proveniente de pagamentos diretos feitos pelos clientes, por meio do débito automático de taxas correspondentes nas contas de depósito dos mesmos.

Por outro lado, as receitas provenientes dos serviços de intermediação ou aplicação de recursos são decorrentes exatamente de tais transações, ou seja, correspondem à diferença apurada entre os valores originariamente aplicados, o seu rendimento, e o valor que contratualmente dever ser devolvido ao aplicador ao final da operação, o que se convencionou chamar de *spread*.

Tais receitas correspondem, então, ao resultado líquido da transação para a instituição financeira e envolvem o risco da própria atividade de intermediação, ou seja, quanto mais eficiente for a instituição em tal intermediação, maior será o valor da diferença apurada entre o que foi captado e o que deve ser devolvido já acrescido da remuneração contratualmente estabelecida.

---

[97] O Banco Central conceitua o *spread* bancário como: "sendo a diferença entre a taxa de empréstimo e a taxa de captação de CDB [certificado de depósito bancário]. A taxa média de CDB para o conjunto das instituições financeiras foi calculada a partir de uma média das taxas individuais ponderada pela captação líquida de cada instituição" (BANCO CENTRAL DO BRASIL – BCB. *Economia bancária e crédito*: Avaliação de 3 anos do projeto Juros e *Spread* Bancário).

[98] Veja-se que o E. Supremo Tribunal Federal é expresso ao mencionar: "Ação direta julgada improcedente, afastando-se a exegese que submete às normas do Código de Defesa do Consumidor (Lei nº 8.078/90) a definição do custo das operações ativas e da remuneração das operações passivas praticadas por instituições financeiras no desempenho da intermediação de dinheiro na economia, sem prejuízo do controle, pelo Banco Central do Brasil, e do controle e revisão, pelo Poder Judiciário, nos termos do Código Civil, em cada caso, de eventual abusividade, onerosidade excessiva ou outras distorções na composição contratual das taxas de juros" (ADIn nº 2.591/2001, Rel. Min. Eros Grau. *DJ*, 29 set. 2006).

Tal resultado não é "cobrado" do cliente, mas auferido sem que este último sequer tenha ciência de seu valor, que obviamente, do ponto de vista teórico, pode até ser negativo.

Assim, tais receitas somente podem ser tomadas como já pertencentes à base de cálculo da COFINS, integradas que são ao conceito de "faturamento" (receita bruta), decorrentes de serviços que constituem atividade típica das instituições financeiras e que não se diferenciam de outros serviços por elas prestados.[99]

Cabe anotar, ainda, o precedente do Supremo Tribunal Federal, no julgamento do AgRg no RE nº 400.479/RJ, 2ª Turma, no qual o Min. Cezar Peluso (relator) afastou por completo os argumentos da agravante (seguradora) de que com a declaração de inconstitucionalidade do §1º do art. 3º da Lei nº 9.718/98 teria ocorrido a limitação do conceito de faturamento às receitas de venda de mercadorias e/ou prestação de serviços, resultando na isenção das empresas seguradoras das contribuições para o PIS e COFINS, exatamente por não apresentarem nenhuma dessas receitas, bem como que as receitas de prêmios não poderiam ser tributadas pela COFINS por não integrarem sua base de cálculo. Em seu voto, o relator consignou que:

> Seja qual for a classificação que se dê às receitas oriundas dos contratos de seguro, denominadas prêmios, o certo é que tal não implica na sua exclusão da base de incidência das contribuições para o PIS e COFINS, mormente após a declaração de inconstitucionalidade do art. 3º, §1º, da Lei nº 9.718/98 dada pelo Plenário do STF. É que, conforme expressamente fundamentado na decisão agravada, o conceito de receita bruta sujeita à exação tributária em comento envolve, não só aquela decorrente da venda de mercadorias e da prestação de serviços, mas a soma das receitas oriundas do exercício das atividades empresariais.

Conforme se percebe, portanto, em que pese a objetividade do tratamento constitucional dado ao Sistema Financeiro Nacional e a segurança jurídica trazida pelo ordenamento infraconstitucional que rege a matéria, especialmente no tocante à conceituação de instituição financeira, é fato que os novos posicionamentos do Supremo Tribunal Federal, inclusive no tocante à submissão do Sistema Financeiro Nacional aos princípios da ordem econômica constitucional previstos

---

[99] O entendimento aqui esposado restou prestigiado pelo Parecer PGFN/CAT nº 2.773/2007, o qual, especificamente nesse tema, contou com a colaboração deste autor.

nos incisos do art. 170 da Constituição, podem trazer à baila novos enfoques e antigas discussões que deverão ser devidamente estudas pelos operadores do Direito.

1.4.4.2 Contexto normativo infraconstitucional

Comentadas algumas das discussões mais recentes envolvendo o art. 192 da Constituição Federal e, por conseguinte, todo o Sistema Financeiro Nacional, cabe alinhavar algumas considerações a respeito do contexto normativo infraconstitucional, que tem seu principal texto legislativo materializado na Lei nº 4.595/64.

Esquematicamente, a Lei nº 4.595/64, a par de prever os membros do Sistema Financeiro Nacional, em seu art. 1º, conforme já mencionado, regula este mesmo Sistema nas seguintes bases:

a) criação, funcionamento e competência do Conselho Monetário Nacional – artigos 2º a 7º; atualmente o Conselho Monetário Nacional é composto por apenas três membros: Presidente BACEN, Ministro da Fazenda e Ministro do Planejamento;

b) criação e funções do BACEN: regulação e controle – artigos 8º a 16; competências – artigos 10 e 11;

c) conceito e regulação das instituições financeiras – artigos 17 a 41;

d) penalidades por infração a que estão sujeitos os integrantes do Sistema Financeiro Nacional – artigos 42 a 45;

e) disposições gerais – art. 46 e seguintes.

Deve restar claro que a nomeação do Presidente e Diretores do BACEN é ato de competência privativa do Presidente da República, seguido da aprovação do Senado Federal, conforme disposto no art. 84, XIV, e art. 52, III, d, da Constituição Federal.

Por outro lado, a Constituição Federal não descuida das atribuições do BACEN, as quais, segundo o art. 164 do Texto Máximo são: a emissão de moeda; a compra e venda de títulos do Tesouro Nacional com o objetivo de regulação de oferta de moeda ou taxa de juros; ser depositário das disponibilidades de caixa da União, vedada a concessão, direta ou indireta, de empréstimos ao Tesouro Nacional e a qualquer órgão ou entidade que não seja instituição financeira.

Inúmeras são as possíveis infrações cometidas pelas instituições financeiras sob fiscalização do BACEN, sendo certo, contudo, que a quase totalidade das mesmas se reporta aos mandamentos legais expressos na Lei nº 4.595/64.

Nesse sentido, de especial importância é dispositivo do art. 44 do mencionado diploma legal, que consigna:

> Art. 44. As infrações aos dispositivos desta lei sujeitam as instituições financeiras, seus diretores, membros de conselhos administrativos, fiscais e semelhantes, e gerentes, às seguintes penalidades, sem prejuízo de outras estabelecidas na legislação vigente:
>
> I - Advertência.
>
> II - Multa pecuniária variável.
>
> III - Suspensão do exercício de cargos.
>
> IV - Inabilitação temporária ou permanente para o exercício de cargos de direção na administração ou gerência em instituições financeiras.
>
> V - Cassação da autorização de funcionamento das instituições financeiras públicas, exceto as federais, ou privadas.
>
> VI - Detenção, nos termos do §7º deste artigo.
>
> VII - Reclusão, nos termos dos artigos 34 e 38, desta lei. (...)
>
> §4º As penas referidas nos incisos III e IV, deste artigo, serão aplicadas quando forem verificadas infrações graves na condução dos interesses da instituição financeira ou quando da reincidência específica, devidamente caracterizada em transgressões anteriormente punidas com multa.

A partir da interpretação de tais dispositivos o BACEN enquadra inúmeras normativas infralegais (resoluções, cartas circulares e instruções normativas) de cumprimento obrigatório pelas instituições financeiras, que complementam o conteúdo normativo dos dispositivos retro-transcritos e, por tal motivo, ao serem transgredidas, sujeitam as instituições financeiras e seus administradores as punições impostas pela autarquia que, dependendo da natureza grave da infração ou não, podem resultar em penas que vão desde a advertência até a inabilitação para atuar perante o mercado financeiro, passando por toda uma gama de multas pecuniárias.

Nesse passo, a maior discussão que se coloca, além da relativa à responsabilidade dos administradores, é a da existência de suporte legal para tais imputações, uma vez que o mandamento legal do art. 44 transcrito não tipifica exaustivamente as condutas puníveis.

No que tange à tipicidade do ilícito, a melhor doutrina administrativista assevera a possibilidade da aplicação da pena com base no princípio da discricionariedade do administrador.

Com efeito, enquanto *no direito penal vigora o princípio da tipicidade cerrada*, que encontra expressa previsão tanto na Constituição Federal (em seu art. 5º, XXXIX) como no Código Penal (art. 3º), *no direito* administrativo sancionador vige o princípio da aticipicidade ou da tipicidade elástica, como ensina Odete Medauar:

> As condutas consideradas infrações devem estar legalmente previstas; ainda que indicadas mediante fórmulas amplas, sem a tipicidade rígida do Direito Penal, hão de ser adotados parâmetros de objetividade no exercício do poder disciplinar para que não enseje arbítrio e subjetividade.[100]

A professora titular de Direito Administrativo da Universidade de São Paulo, Maria Sylvia Zanella Di Pietro, confirma a existência de um *princípio da atipicidade* no Direito Administrativo.[101]

Em outras palavras, se a conduta do agente levar a resultados que a legislação buscava coibir (a higidez das instituições e, portanto, do mercado, é objetivo que a norma deve perseguir — assegurar a inocorrência do risco sistêmico), ainda que essa conduta esteja revestida sob forma não expressamente proibida pela norma, cabível é a imposição da pena. Tal doutrina se coaduna, conforme se verá, com a visão doutrinária a respeito do bem jurídico tutelado em relação ao Sistema Financeiro Nacional e a necessidade de preservação da higidez do mesmo, no sentido da consecução de seus objetivos constitucionais.

Exemplo claro dessa "atipicidade" do ilícito administrativo é encontrado na Lei nº 12.529/2011 (Lei Antitruste, que será objeto de comentários específicos), que define as infrações contra a ordem econômica, cujo art. 36, §3º, dispõe:

> Art. 36. (...)
>
> §3º As seguintes condutas, *além de outras, na medida em que configurem hipótese prevista no caput deste artigo e seus incisos*, caracterizam infração da ordem econômica: (grifos nossos)

Do mesmo modo, o §4º do art. 44 da Lei nº 4.595/64 veicula conceito indeterminado que assegura flexibilidade à ação regulatória do Estado, nada impedindo que o conceito de infração grave seja extraído, por exemplo, do art. 153 da Lei nº 6.404/76, que define as responsabilidades do diretor de S/A.

Assim, também, quando as infrações cometidas devem-se claramente à quebra do dever de diligência estatuído na lei societária. Tal

---

[100] MEDAUAR. *Direito administrativo moderno*, p. 132.
[101] Cf. DI PIETRO. *Direito administrativo*, 7. ed., p. 402.

dever de diligência não é abstrato: sua medida encontra-se no art. 153 da lei das sociedades anônimas, que determina deva o administrador da companhia empregar, no exercício de suas funções, o cuidado e diligência que todo homem ativo e probo costuma empregar na administração de seus próprios negócios.

Veja-se, ainda, que a discussão do princípio da tipicidade elástica no presente contexto traz também, em seu bojo, a discussão relativa à determinação do bem jurídico tutelado pela norma do art. 44 da Lei nº 4.595/64, em relação ao qual Luiz Alfredo Paulin afirma: "O bem jurídico que se julga fundamental preservar é a disciplina e o bom funcionamento do mercado. A necessidade de preservação dos mercados é a *ratio legis*".[102]

Já se afirmou aqui que art. 192 da Constituição Federal, ao conectar-se diretamente com o art. 170, *caput*, do mesmo diploma constitucional, em especial com seus incisos II e III (propriedade privada e função social da propriedade), *vislumbra o Sistema Financeiro Nacional como um instrumento de promoção do desenvolvimento equilibrado do País, a serviço dos interesses da coletividade*, ou seja, o Sistema Financeiro Nacional é visto pela ordem econômica constitucional também como um "bem de produção" que deve atender, mesmo quando privado, a uma função social conectada à concretização do objetivo maior da ordem econômica, assegurar a todos a existência digna, conforme dos ditames da justiça social, sendo certo que tal exegese foi prestigiada pela recente jurisprudência do E. Supremo Tribunal Federal.[103]

Em sendo assim, a higidez do Sistema Financeiro Nacional, bem jurídico tutelado pelo art. 44 da Lei Bancária é essencial para que este mesmo Sistema venha a cumprir com sua função social constitucionalmente prevista.

Logo, a manutenção da disciplina e do bom funcionamento do mercado tem tutela constitucional na medida em que assegura o cumprimento da função social do Sistema Financeiro Nacional e, em última análise, da instituição financeira, mesmo que privada. Tal conclusão, por fim, traz a tutela constitucional à tese da tipicidade elástica acima mencionada, uma vez que permite a adoção da mesma para a eficácia do dispositivo constitucional que rege o Sistema Financeiro Nacional.

---

[102] PAULIN. Conceito de falta grave e alcance das disposições do art. 44, §4º da Lei nº 4.595/64. *Revista de Direito Bancário, do Mercado de Capitais e da Arbitragem*, v. 3, n. 10, p. 64.

[103] ADIn nº 2.591/2001, Rel. Min. Eros Grau. *DJ*, 29 set. 2006.

Outro normativo infraconstitucional importante para a compreensão do Sistema Financeiro Nacional é a Lei nº 6.024/74, que dispõe sobre a intervenção e liquidação extrajudicial de instituições financeiras, diploma que, ainda, é complementado pelo Decreto-Lei nº 2.321/87 (introduziu o RAET, Regime de Administração Especial Temporária) e pela Lei nº 9.447/97.

Com relação aos temas regulados por estas leis é importante mencionar que, até a atual Lei de Falências (Lei nº 11.101/2005), apesar das possibilidades de intervenção e liquidação extrajudicial pelo BACEN — que quase sempre redundavam na inocorrência de falência das instituições financeiras —, a doutrina do direito falimentar entendia possível a decretação de falência das mesmas.[104] A Lei nº 11.101/2005, contudo, expressamente afirma não ser aplicável o instituto da falência às instituições financeiras (art. 2º) ou a entidades legalmente equiparadas.

Também é importante mencionar-se a Lei nº 6.385/76, relativa ao desenvolvimento do mercado de valores mobiliários e criação da Comissão de Valores Mobiliários (CVM).

Tal normativo foi emendado e complementado por muito outros normativos posteriores, sendo de especial relevância a Lei nº 9.457/97, que além de outros temas passou a fiscalização das empresas de auditoria independente para a órbita do BACEN (art. 26) e também introduziu os parágrafos 5º e 6º no art. 11 do texto original, trazendo para o âmbito da CVM o instituto do "Termo de Compromisso", em termos análogos ao da antiga Lei nº 8.884/94, em sua redação anterior a 31.5.2007 (conforme se verá no momento adequado, tal redação não se afasta de modo relevante da atual redação da Lei nº 12.529/2011).[105]

Da mesma forma, a Lei nº 10.198/2001, aprimorou os esforços de fiscalização da CVM relativamente aos contratos de investimento coletivo (fundos de ações oferecidos pelas instituições financeiras). Do ponto de vista regulamentar e infralegal, ainda no tocante ao mercado de valores mobiliários, destacável a Instrução CVM 358, relativa à divulgação e uso de informação relevante (combate da prática de *insider trading*).[106]

---

[104] Nesse sentido, cf. COELHO. *Manual de direito comercial*, 9. ed., p. 382.

[105] De fato, o art. 11 da Lei nº 6.385, no seu §6º, incluído pela Lei nº 9.457, de 5.5.1997, é explícito ao afirmar que "o compromisso a que se refere o parágrafo anterior não importará confissão quanto à matéria de fato, nem reconhecimento de ilicitude da conduta analisada".

[106] A prática de *insider trading* pode ser sinteticamente definida com a utilização de informações privilegiadas em negociações de títulos e valores mobiliários.

Essa última Instrução, aliada ao instrumento do "termo de compromisso" fez surgir na autarquia uma salutar cultura de celebração de acordos que, além de abreviarem o curso dos processos administrativos sancionadores abertos sobre o tema (os quais são normalmente complexos e demorados) sinalizam que a prática de *insider* pode ter um custo alto e rápido ao seu autor. Ademais, tais acordos têm resultados arrecadatórios relevantes nos últimos anos.[107]

Deve-se mencionar, relativamente ao Direito Administrativo Sancionador aplicável ao Sistema Financeiro Nacional, o Decreto nº 91.152/85 (posteriormente modificado pelo Decreto nº 1.935/96, que atualmente tem redação dada pelo Decreto nº 5.363/2005), que determinou a criação do Conselho de Recursos do Sistema Financeiro Nacional (CRSFN).

O CRSFN tem competência recursal, relativamente aos processos administrativos instaurados pelos setores de fiscalização do BACEN e da CVM no âmbito de apuração das infrações administrativas à legislação bancária e de mercado de capitais, tendo por diploma procedimental de regência, além do próprio regimento, a Lei nº 9.784/99 (Lei do Processo Administrativo Federal).[108]

Relevante ainda referenciar, como importantes na regulação do Sistema Financeiro Nacional a Lei nº 7.492/86 de tipificação e combate dos crimes contra o SFN (lei do "colarinho branco") e a Lei nº 9.613/98 de tipificação e combate do crime de lavagem de dinheiro como delito autônomo e criação do COAF (norma brasileira decorrente da ratificação da Convenção de Viena de 1988, relativa à repressão das atividades de tráfico de substâncias entorpecentes).

Esta última foi objeto de um longo processo de revisão, para adequação aos novos padrões internacionais de combate à lavagem de dinheiro, em especial para dar ao delito de lavagem de dinheiro contornos de um delito autônomo (ou seja, não mais vinculado à tipificação por meio da procedência de recursos financeiros oriundos do tráfico de armas ou drogas, crimes contra a administração pública ou terrorismo, mas

---

[107] Veja-se que, nos anos de 2005 a 2007, nos quais não foram assinados termos de compromisso relativos a condutas de *insider* a CVM estabeleceu um total de multas sobre o tema da ordem de R$399.000,00 (penalidades dependentes de confirmação em grau recursal e posterior cobrança administrativa/judicial). Por outro lado, nos anos de 2008 e 2009, nos quais passou-se a celebrar termos de compromisso sobre o tema, tais instrumentos viabilizaram acordos da ordem de R$39,8 milhões, colocados imediatamente a disposição do Tesouro Nacional (além da imposição de penalidades — para aqueles que não celebraram acordos — da ordem de R$3,5 milhões). Fonte: *Folha de S.Paulo*, p. B4-B5, 29 mar. 2010, Caderno Dinheiro.

[108] O aprofundamento dos estudos relativos aos temas de competência do CRSFN pode ser feito em: COVAS; CARDINALI. *O Conselho de Recursos do Sistema Financeiro Nacional*: atribuições e jurisprudência.

para permitir sua tipificação em relação a recursos ilícitos de qualquer origem), que culminou com a sanção, em 10.7.2012, da Lei nº 12.683, que passa a regular a matéria.

Por fim, deve-se mencionar a Lei Complementar nº 105/2001 que cuida da regulamentação do sigilo das operações de instituições financeiras (exceções ao sigilo, inclusive o fiscal). Tal diploma legal determinou a diferenciação do regime jurídico do sigilo bancário, em relação ao que anteriormente determinava o art. 38 da Lei nº 4.595/64.[109]

De fato, anteriormente à Lei Complementar nº 105/2001 a jurisprudência e a doutrina eram consolidadas no sentido da impossibilidade do acesso direto às informações bancárias pelas autoridades tributárias brasileiras.[110]

De forma a enfrentar tal posição consolidada, a Lei Complementar nº 105/2001 relativizou o sigilo bancário, estabelecendo a possibilidade de que a Administração Tributária brasileira determine às instituições financeiras a transferência dos dados cobertos pela sigilo bancário às autoridades fiscais, de forma global e mensal,[111] protegendo

---

[109] Art. 38. As instituições financeiras conservarão sigilo em suas operações ativas e passivas e serviços prestados. (...)

§5º Os agentes fiscais tributários do Ministério da Fazenda e dos Estados somente poderão proceder a exames de documentos, livros e registros de contas de depósitos, quando houver processo instaurado e os mesmos forem considerados indispensáveis pela autoridade competente.

§6º O disposto no parágrafo anterior se aplica igualmente à prestação de esclarecimentos e informes pelas instituições financeiras às autoridades fiscais, devendo sempre estas e os exames serem conservados em sigilo, não podendo ser utilizados senão reservadamente.

§7º A quebra do sigilo de que trata este artigo constitui crime e sujeita os responsáveis à pena de reclusão, de um a quatro anos, aplicando-se, no que couber, o Código Penal e o Código de Processo Penal, sem prejuízo de outras sanções cabíveis.

[110] Vejam-se os pareceres PGFN/GAB nº 74, de 20 de janeiro de 1994 (*DOU*, p. 1.193/5, 26 jan. 94) e PGFN/CRJN nº 1.380, de 7 de dezembro de 1994 (*DOU*, p. 2046/51, 21 dez. 94), da Procuradoria-Geral da Fazenda Nacional.

[111] Art. 5º O Poder Executivo disciplinará, inclusive quanto à periodicidade e aos limites de valor, os critérios segundo os quais as instituições financeiras informarão à administração tributária da União, as operações financeiras efetuadas pelos usuários de seus serviços. (...)

§2º As informações transferidas na forma do *caput* deste artigo restringir-se-ão a informes relacionados com a identificação dos titulares das operações e os montantes globais mensalmente movimentados, vedada a inserção de qualquer elemento que permita identificar a sua origem ou a natureza dos gastos a partir deles efetuados. (...)

§4º Recebidas as informações de que trata este artigo, se detectados indícios de falhas, incorreções o omissões, ou de cometimento de ilícito fiscal, a autoridade interessada poderá requisitar as informações e documentos de que necessitar, bem como realizar fiscalização ou auditoria para a adequada apuração dos fatos.

§5º As informações a que se refere este artigo serão conservadas sob sigilo fiscal, na forma da legislação em vigor.

tais dados sob o manto do sigilo fiscal, em especial para dar cumprimento ao Princípio da Capacidade Contributiva estabelecido em nossa Carta Magna.[112]

Tal sistemática se coaduna com as propostas da OCDE no sentido do acesso direto às informações bancárias pelas autoridades fiscais.[113] Não obstante, a Lei Complementar nº 105/2001 é objeto de três ações diretas de inconstitucionalidade, ainda em tramitação, junto ao Supremo Tribunal Federal.

Deve-se ressaltar que a combinação dos seguintes diplomas legais: Lei nº 4.728/65, Lei nº 7.492/86, LC nº 101/2000 e LC nº 105/2001, é que determina a comunicação de ofício de fatos descobertos pelo BACEN (em sua função fiscalizadora) ao Ministério Público Federal (MPF) de forma a apurar-se eventual existência de crime, ou indícios.[114]

---

[112] Art. 145. (...)

§1º Sempre que possível, os impostos terão caráter pessoal e serão graduados segundo a capacidade econômica do contribuinte, facultado à administração tributária, especialmente para conferir efetividade a esses objetivos, identificar, respeitados os direitos individuais e nos termos da lei, o patrimônio, os rendimentos e as atividades econômicas do contribuinte.

[113] Dos 30 Estados partes da OCDE apenas 2 não estabelecem acesso direto das autoridades fiscais aos dados bancários dos contribuintes. Nesse sentido: "Parece evidente, destarte, que todo o mundo civilizado abandonou a possibilidade de opor-se à Administração Tributária o Sigilo Bancário" (DELGADO. O sigilo bancário no ordenamento jurídico brasileiro. *In*: COLOQUIO INTERNACIONAL DE DERECHO TRIBUTARIO, 3., p. 51, 53).

[114] A respeito desse tema, veja-se: MARQUES. A natureza do pedido de quebra de sigilo bancário e fiscal e alguns comentários práticos da atuação do Ministério Público. *Revista do Ministério Público do Estado de Goiás*.

CAPÍTULO 2

A ATUAÇÃO DO ESTADO NA ECONOMIA
A PARTICIPAÇÃO E A INTERVENÇÃO

Nos primórdios do surgimento dos Estados nacionais fazia-se necessária a centralização de todo o poder, inclusive o econômico, no "soberano". Assim, no Estado absolutista o desenvolvimento de qualquer atividade econômica se dava baseado na vontade do próprio Estado, a atuação do Estado na economia era total e direta, valendo-se da força, da tradição ou, até, de suposta designação divina.

Os movimentos liberais surgidos no séc. XVIII (revolução francesa e americana) determinaram a derrocada de tal sistema, impondo-se um novo sistema político e jurídico no qual a intervenção estatal deveria ser suprimida ao máximo e, sempre, enquadrada em rígidos marcos legais — a vontade do Estado condicionada à lei (Estado de Direito).

No mesmo passo, a atuação do Estado na economia passou a ser refutada, as forças do "mercado" seriam suficientes para regular a economia e trazer o necessário desenvolvimento a todos os partícipes do mesmo, a atuação estatal desvirtuaria tais forças e traria incongruências ao sistema.

Ocorre que o desenvolvimento de tais premissas, aliado ao desenvolvimento tecnológico fez surgir um capitalismo selvagem (baseado na interpretação radical da propriedade privada e da livre iniciativa) que, a inícios do séc. XX, já se mostrava ineficaz para trazer desenvolvimento a todos, uma vez que tendia à concentração de poder econômico e à burla da livre concorrência.

A reação foi o surgimento de novo sistema intervencionista estatal, correspondente ao socialismo, em 1917, com todo o planejamento econômico sendo dependente da vontade do Estado (economia planificada).

A crise de 1929, o relativo sucesso das economias planificadas e a II Guerra Mundial fizeram ver que o sistema capitalista como então estabelecido não era mais sustentável. Fez-se necessário o estabelecimento de um sistema que, mesmo sendo baseado na livre iniciativa e na propriedade privada, contasse com a atuação Estatal no sentido de estimular a atividade econômica e corrigir os eventuais desvios do mercado que colocassem em risco a livre concorrência e a possibilidade de desenvolvimento de todos.

Este sistema misto que passou a se desenvolver (forças de mercado atuando em parceria com um planejamento estatal voltado a finalidades e fundamentos do próprio Estado) encontrou ressonância nas constituições posteriores à II Guerra Mundial.

A Constituição Federal de 1988 não foge a tal regra e, conforme já consignamos, ao estabelecer os fundamentos e princípios da ordem econômica, adotou um sistema capitalista ponderado pelos próprios objetivos da República Federativa do Brasil. É nesse sentido que os artigos 173 a 181 do diploma constitucional discriminam as formas de atuação do Estado na economia.

> [São] *duas as formas de ingerência do Estado* na ordem econômica: a *participação* e a *intervenção*. Ambas constituem instrumentos pelos quais o Poder Público ordena, coordena e atua a *observância dos princípios da ordem econômica* tendo em vista a realização de seus fundamentos e de seu fim.[115]

2.1 Participação

A participação do Estado na economia será uma necessidade, enquanto, no sistema capitalista, se busque *condicionar a ordem econômica ao cumprimento de seu fim* de assegurar a existência digna a todos, conforme os ditames da justiça social e por imperativo de segurança nacional.[116]

---

[115] SILVA. *Curso de direito constitucional positivo*, 13. ed., p. 735. No mesmo sentido, cf. CHIMENTI *et al*. *Curso de direito constitucional*: de acordo com as emendas constitucionais n. 50/2006 e 51/2006 e o projeto de emenda da verticalização eleitoral, 3. ed., p. 517.

[116] SILVA. *Curso de direito constitucional positivo*, 13. ed., p. 732.

A ATUAÇÃO DO ESTADO NA ECONOMIA – A PARTICIPAÇÃO E A INTERVENÇÃO

Inicialmente devem ser distinguidos os *serviços públicos*, prestados pelo Estado, da *atividade econômica* que também venha a ser exercida ou explorada pelo Estado,[117] em que pese ambas serem formas de participação do Estado na economia, motivo pelo qual se encontram ambas localizadas no texto constitucional dentro da *ordem econômica*.[118] Tal diferenciação se faz importante porque, seja de uma ou outra forma, os instrumentos de que se utiliza o Estado para tal participação direta são os mesmos, quais sejam, as empresas públicas, as sociedades de economia mista e as suas subsidiárias.[119]

Importante verificar que a criação de tais instrumentos somente se dá por meio de autorização do Legislativo, em função do disposto no art. 37 Constituição Federal, incisos XIX e XX, que, segundo Grau, "são preceitos que instrumentam o controle da expansão do Executivo pelo Legislativo".[120] Dependendo de uma ou outra forma de participação tais instrumentos se sujeitarão, ou não, ao regime de direito privado ou ao regime de direito público.

2.1.1 Serviços públicos

(dispositivos conexos: art. 21, XI e XII; art. 22; art. 25, CF)

Os serviços públicos são juridicamente de natureza estatal e o seu o titular é sempre um ente público, motivo pelo qual estão sempre sujeitos ao regime de direito público.[121]

> Art. 175. Incumbe ao Poder Público, na forma da lei [princípio da legalidade], diretamente ou sob regime de concessão ou permissão, sempre através de licitação [princípio da moralidade], a prestação de serviços públicos.
>
> Parágrafo único. A lei disporá sobre:
>
> I - o regime [regime de direito público] das empresas concessionárias e permissionárias de serviços públicos, o caráter especial de seu contrato e

---

[117] Eros Grau faz essa diferenciação em *A ordem econômica na Constituição de 1988*: interpretação e crítica, p. 138-160. No mesmo sentido: ARAÚJO. *Resumo de direito econômico*, 2. ed., p. 63-73; e BASTOS; MARTINS. *Comentários à Constituição do Brasil*: promulgada em 5 de outubro de 1988, 2. ed., v. 7, p. 114.

[118] Nesse sentido, cf. GRAU. *A ordem econômica na Constituição de 1988*: interpretação e crítica, 3. ed., p. 143.

[119] No mesmo sentido, cf. CHIMENTI *et al. Curso de direito constitucional*: de acordo com as emendas constitucionais n. 50/2006 e 51/2006 e o projeto de emenda da verticalização eleitoral, 3. ed., p. 517-518.

[120] GRAU. *A ordem econômica na Constituição de 1988*: interpretação e crítica, 3. ed., p. 274.

[121] No mesmo sentido, cf. SILVA. *Curso de direito constitucional positivo*, 13. ed., p. 733.

de sua prorrogação, bem como as condições de caducidade, fiscalização e rescisão da concessão ou permissão;

II - os direitos dos usuários;

III - política tarifária;

IV - a obrigação de manter serviço adequado.

A doutrina administrativista e constitucional conceitua a *concessão* de serviço público como sendo "contrato pelo qual a Administração transfere ao particular a prestação do serviço a ela cometido, a fim de que o preste em seu nome, por sua conta e risco, mediante remuneração paga pelo usuário", sendo certo que não se transfere a titularidade do mesmo. Já a *permissão* é conceituada pela mesma doutrina também como uma modalidade de transferência da prestação do serviço público que, porém, possui a característica da *precariedade*, uma vez que, ao contrário da concessão, o contrato de permissão não é realizado, normalmente, por prazo determinado.[122] Tal conceituação se coaduna com o art. 2º da Lei nº 8.987/95, que regula os tais processos.[123]

Conforme o retro-transcrito dispositivo constitucional, ambas modalidades de transferência do serviço público acima citadas dependem de licitação e possuem o mesmo tratamento jurídico constitucional e infraconstitucional.

Dos incisos desse mesmo dispositivo deflui a equação do "equilíbrio econômico financeiro da operação", já que nos regimes de concessão ou permissão é legitimo à pessoa privada o objetivo de lucro,[124] inaplicável às empresas públicas que realizem o serviço público, outorgado não por via de contrato, mas de lei.[125]

---

[122] CHIMENTI *et al. Curso de direito constitucional*: de acordo com as emendas constitucionais n. 50/2006 e 51/2006 e o projeto de emenda da verticalização eleitoral, p. 236-237. No mesmo sentido, MEIRELLES. *Direito administrativo brasileiro*, p. 236, 347.

[123] Art. 2º Para os fins do disposto nesta Lei, considera-se: (...)
II - concessão de serviço público: a delegação de sua prestação, feita pelo poder concedente, mediante licitação, na modalidade de concorrência, à pessoa jurídica ou consórcio de empresas que demonstre capacidade para seu desempenho, por sua conta e risco e por prazo determinado; (...)
IV - permissão de serviço público: a delegação, a título precário, mediante licitação, da prestação de serviços públicos, feita pelo poder concedente à pessoa física ou jurídica que demonstre capacidade para seu desempenho, por sua conta e risco.
Art. 40. A permissão de serviço público será formalizada mediante contrato de adesão, que observará os termos desta Lei, das demais normas pertinentes e do edital de licitação, inclusive quanto à precariedade e à revogabilidade unilateral do contrato pelo poder concedente.

[124] Nesse sentido, cf. GRAU. *A ordem econômica na Constituição de 1988*: interpretação e crítica, 3. ed., p. 159.

[125] No mesmo sentido, cf. SILVA. *Curso de direito constitucional positivo*, 13. ed., p. 734.

Nas palavras de Hely Lopes Meirelles a equação do "equilíbrio econômico-financeiro da operação" é exatamente "a relação estabelecida inicialmente pelas partes entre os encargos do contratado e a retribuição da Administração para a justa remuneração do objeto do ajuste. Essa relação *encargo-remuneração* deve ser mantida durante toda a execução do contrato, a fim de que o contratado não venha a sofrer indevida redução nos lucros normais do empreendimento".[126]

A conexão do dispositivo constitucional aqui comentado se faz automaticamente com o art. 21 do Diploma Constitucional, incisos XI e XII, que cuidam da *exploração pela União, diretamente ou mediante concessão, autorização ou permissão dos seguintes serviços públicos*: telecomunicações; radiodifusão; energia elétrica; navegação aérea e aeroespacial e a infraestrutura aeroportuária; transporte ferroviário e aquaviário; transporte rodoviário de passageiros — interestadual e internacional, portos marítimos, fluviais e lacustres. Tendo em vista as atividades econômicas aqui mencionadas, é especialmente neste âmbito que operam as possibilidades de ocorrência dos chamados *monopólios naturais*, aos quais nos referiremos no futuro, ao tratar das modalidades de intervenção *stricto sensu*.

A conexão acima mencionada também se dará com o art. 22 da Constituição, inciso XXVII, relativo à competência da União para estabelecer legislação geral sobre licitações e contratações do poder público, no caso a Lei nº 8.987/95, reservando-se aos demais entes federativos a capacidade legislativa suplementar.

Desta forma, a concessão de serviços públicos, ainda nas palavras de Hely Lopes Meirelles, submete-se a duas categorias de normas, concernentes à chamada "regulação normativa" ou à chamada "regulação contratual", a saber: "As primeiras disciplinam o modo e a forma da prestação do serviço; as segundas fixam as condições de remuneração do concessionário; por isso aquelas são denominadas *leis do serviço*, e estas, *cláusulas econômicas ou financeiras*. Como as leis, aquelas são alteráveis unilateralmente pelo Poder Público segundo as exigências da comunidade; como *cláusulas contratuais*, estas são *fixas*, só podendo ser modificadas por acordo entre as partes".[127]

Por fim, nos casos de prestação de serviços públicos, em havendo a participação direta do Estado, por meio dos instrumentos já citados (as empresas públicas, as sociedades de economia mista e as

---

[126] MEIRELLES. *Direito administrativo brasileiro*, p. 193.
[127] MEIRELLES. *Direito administrativo brasileiro*, 16. ed., p. 336.

suas subsidiárias), mesmo sendo esta uma forma de participação do Estado na econômica, não lhes serão aplicáveis as limitações prescritas no art. 173 da Constituição Federal, *já que a mesma se submete ao regime de direito público*.[128]

Nesse sentido, Eros Grau afirma:

> A ordem econômica que deve ser, projetada pelo texto constitucional, reclama o fornecimento de amplos serviços públicos à sociedade, exigindo também, por outro lado, sejam providas a garantia do desenvolvimento nacional, a soberania nacional, a defesa do meio ambiente, a redução das desigualdades regionais e sociais, o pleno emprego, entre outros fins.[129]

2.1.2 Exercício ou exploração da "atividade econômica"

Por outro lado, o exercício ou exploração da "atividade econômica", *se dá preferencialmente pela iniciativa privada* nos marcos legais estabelecidos pelo Poder Público e isso se conclui diretamente do próprio fundamento da ordem econômica constitucional, *a livre iniciativa*, conforme consignado no *caput* do art. 170, já discutido.

Nesse sentido, a Constituição Federal de 1988 alterou a sistemática do sistema constitucional de 67/69, na qual a atividade estatal era supletiva da iniciativa privada, como necessária ao desenvolvimento nacional, havendo uma ampla atividade econômica estatal.

Assim, o exercício ou exploração de "atividade econômica" pelo Estado se constitui em *exceção prevista no regime de nossa ordem econômica constitucional*[130] e, desta forma, os instrumentos estatais utilizados em tal exceção (as empresas públicas, as sociedades de economia mista e as suas subsidiárias) *poderão estar sujeitos ao regime de direito privado, o que dependerá da forma como se dá esse exercício ou exploração*.

A participação do Estado na ordem econômica que se dá por meio do exercício ou da exploração direta atividade econômica caracteriza o "Estado administrador de atividades econômicas".[131]

Tal exploração ou exercício se dá de duas formas:

---

[128] No mesmo sentido, cf. SILVA. *Curso de direito constitucional positivo*, 13. ed., p. 734.

[129] GRAU. *A ordem econômica na Constituição de 1988*: interpretação e crítica, 3. ed., p. 279.

[130] No mesmo sentido, cf. GRAU. *A ordem econômica na Constituição de 1988*: interpretação e crítica, 3. ed., p. 272-273.

[131] Nas palavras de SILVA. *Curso de direito constitucional positivo*, 13. ed., p. 738.

1. Nos termos do art. 173 Constituição Federal – a chamada participação necessária;
2. Nos termos do art. 177 Constituição Federal, que estabelece os casos de monopólio público.

QUADRO 1
Atuação do Estado na Economia

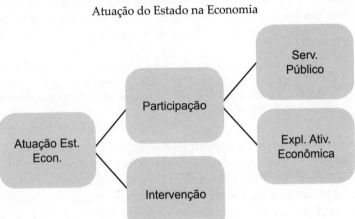

2.1.2.2 Participação necessária

Art. 173. Ressalvados os casos previstos nesta Constituição, a exploração direta de atividade econômica pelo Estado só será permitida quando necessária aos imperativos da segurança nacional ou a relevante interesse coletivo, conforme definidos em lei.

Como se percebe, a exceção aqui é explícita, ou seja, a primazia da exploração de atividade econômica é sempre da iniciativa privada e a participação estatal *só será permitida quando necessária*. Trata-se da chamada participação necessária do Estado na atividade econômica.[132]

As condicionantes de tal participação excepcional são os imperativos de segurança nacional ou o relevante interesse coletivo, conforme definidos em lei.

---

[132] SILVA. *Curso de direito constitucional positivo*, 13. ed., p. 735.

Segurança Nacional, hoje, somente tem relação com as necessidades de *defesa nacional*, diretamente vinculadas aos artigos 21, III; 22, XXVIII; e 91 da Constituição Federal, que definem a competência privativa da União quanto a atuação e produção legislativa, com apoio ao Presidente da República do Conselho de Defesa Nacional, ou seja, relacionada com a defesa da Nação em face à possibilidade ou efetividade de agressão (defesa da sociedade e não contra a sociedade). Nesse sentido, a *lei que define a segurança nacional é necessariamente lei federal.*[133]

Também nesse sentido, Celso Bastos afirma:

> (...) a expressão segurança nacional há de ater-se àquelas atividades que dizem respeito diretamente à produção de bens e serviços necessários ao regular funcionamento e, até mesmo, ao satisfatório aparelhamento das Forças Armadas.[134]

A definição de relevante interesse coletivo, por outro lado, deve *necessariamente levar em conta todos os princípios regentes da ordem econômica já comentados,*[135] conformando o Direito Econômico ora existente.

Em sendo assim, deve-se relembrar a competência legislativa para o estabelecimento de normas de Direito Econômico, ou seja, o disposto art. 24, I, do Diploma Constitucional, que determina seja tal competência concorrente entre a União, Estados e Distrito Federal, e, de conformidade com os parágrafos do mesmo artigo, que as normas gerais se dão por competência da União (§1º), enquanto os demais entes exercem a competência suplementar (§2º), ou plena na inexistência de tais normas gerais (§3º), sendo posteriormente suspensa no quer for contrária à norma geral superveniente (§4º).

Partindo-se de tal competência, acertadas as palavras de Eros Grau:

> Daí a conclusão de que essa lei, que definirá relevante interesse coletivo, tanto poderá ser lei federal quanto lei estadual. A esta cumprirá defini-lo desde a perspectiva do interesse (coletivo) predominantemente estadual.[136]

---

[133] No mesmo sentido, cf. GRAU. *A ordem econômica na Constituição de 1988*: interpretação e crítica, 3. ed., p. 274.

[134] *In*: BASTOS; MARTINS. *Comentários à Constituição do Brasil*: promulgada em 5 de outubro de 1988, 2. ed., v. 7, p. 55-56.

[135] Nesse sentido, cf. GRAU. *A ordem econômica na Constituição de 1988*: interpretação e crítica, 3. ed, p. 275, 278-279.

[136] GRAU. *A ordem econômica na Constituição de 1988*: interpretação e crítica, 3. ed., p. 275.

Também no sentido de buscar-se a definição do relevante interesse coletivo já consignamos que ao estabelecer a função social da propriedade como um dos princípios da ordem econômica mais uma vez a Constituição Federal condicionou a livre iniciativa (fundamento desta mesma ordem) conectando tal princípio ao art. 173, que trata da forma participativa de atuação do Estado na ordem econômica, pois conferiu conteúdo à necessidade ali descrita como condição para tal atuação, no concernente ao "relevante interesse coletivo", ou seja, fazer cumprir a função social da propriedade é um interesse coletivo relevante.[137]

Uma vez que tal exceção ocorre por imperativos de segurança nacional ou relevante interesse coletivo, sujeita-se a atuação estatal ao regime de direito privado (inciso II do §1º, c.c. o §2º do art. 173) mesclado com disposições típicas do regime de direito público (incisos I, III, IV e V do §1º, c.c. o §3º do art. 173 — relativamente a sua função social, formas de contratação e licitação, modelo de constituição, avaliação e relacionamento com Estado e a sociedade). É desta mescla de disposições de direito público e privado que se dá o regime concorrencial do Estado com os empreendedores privados.

Grau discute se esse tipo de atuação participativa do Estado, por meio do exercício ou da exploração de atividade econômica, poderia se dar na forma de monopólio estatal, consignando que, *quando o fundamento for a segurança nacional, necessariamente tal atuação será empreendida em regime de monopólio.* Por outro lado, consigna o mesmo autor, que quando o fundamento for o relevante interesse coletivo, a atuação em regime de monopólio ou não dependerá especificamente do interesse que a justifique, em função dos princípios regentes da ordem econômica, *não havendo vedação constitucional para o regime de monopólio em tal atuação, mas respeitando-se o fato de que tal intervenção é sempre excepcional.*[138]

2.1.2.3 Monopólio público

Nas palavras de Grandino Rodas:

> O monopólio corresponde a uma estrutura de mercado com apenas um produtor.

---

[137] No mesmo sentido, cf. SILVA. *Curso de direito constitucional positivo,* 13. ed., p. 745-746.

[138] Nesse sentido, cf. GRAU. *A ordem econômica na Constituição de 1988*: interpretação e crítica, 3. ed., p. 277-278.

(...) é uma situação em que as barreiras a entrada são tais que existe apenas uma firma no mercado, ofertando produtos homogêneos ou diferenciados.[139]

Em assim sendo, a modalidade de atuação do Estado na economia, por meio de sua participação direta estruturada em um monopólio público, se faz exatamente através da vontade expressa na Constituição Federal, ou seja, o legislador constituinte estabeleceu expressamente um ou mais ramos de atividade os quais terão como *único produtor* o próprio Poder Público, em nosso caso a União, conforme consignado no art. 177 da Constituição Federal.

Art. 177. Constituem monopólio da União:

I - a pesquisa e a lavra das jazidas de petróleo e gás natural e outros hidrocarbonetos fluidos;

II - a refinação do petróleo nacional ou estrangeiro;

III - a importação e exportação dos produtos e derivados básicos resultantes das atividades previstas nos incisos anteriores;

IV - o transporte marítimo do petróleo bruto de origem nacional ou de derivados básicos de petróleo produzidos no País, bem assim o transporte, por meio de conduto, de petróleo bruto, seus derivados e gás natural de qualquer origem;

V - a pesquisa, a lavra, o enriquecimento, o reprocessamento, a industrialização e o comércio de minérios e minerais nucleares e seus derivados, com exceção dos radioisótopos cuja produção, comercialização e utilização poderão ser autorizadas sob regime de permissão, conforme as alíneas b e c do inciso XXIII do *caput* do art. 21 desta Constituição Federal. *(Redação dada pela Emenda Constitucional nº 49, de 2006)*

Diante da conceituação acima referenciada, necessário estabelecer a correta diferenciação entre o monopólio público, previsto constitucionalmente, e outros conceitos correlatos que se apresentam ao operador do Direito, em especial quando se trata dos temas relativos ao modelo de "concorrência perfeita", a respeito do qual nos referiremos mais a frente.

Nesse sentido, o monopólio público não pode ser confundido, por exemplo, com o chamado *monopólio natural*, o qual corresponde a uma situação de mercado "na qual a configuração mais eficiente é

---

[139] OLIVEIRA; RODAS. *Direito e economia da concorrência*, p. 133, 163.

com apenas um produtor"[140] e com o qual compartilha, apenas, as altas barreiras de entrada de novos competidores (no caso do monopólio público tais barreiras intransponíveis se consubstanciam na própria Constituição, enquanto nos monopólios naturais tais barreiras decorrem de situações econômicas específicas).

Ora, tal situação (de monopólio natural), objeto primordial da regulação setorial, conforme se verá, decorre da existência de elevadas economias de escala e de escopo[141] as quais conduzem a uma circunstância na qual somente se obtem o melhor custo de produção de cada unidade quando apenas uma empresa é detentora de todo o mercado correspondente. Novamente, cabem aqui as palavras de Grandino Rodas:

> Um monopólio natural surge quando os altos custos fixos e as economias de escala permitem que uma única empresa possa abastecer todo o mercado a um custo inferior do que fariam duas ou mais empresas. Exemplos de monopólios naturais podem ser encontrados em vários serviços de utilidade pública, como numa companhia de distribuição de água encanada. Uma vez que a condição de maximização de um monopolista conduz a um resultado ineficiente, grande parte dos monopólios naturais é regulada pelo governo.[142]

Da mesma forma, o monopólio público constitucional não guarda conexões com os chamados *oligopólios*, caracterizados por situações de mercados com altas barreiras a entrada de novos concorrentes, onde já existe um pequeno número de empresas, ofertando produtos homogêneos ou diferenciados, com sua lucratividade dependente de interações estratégicas entre as mesmas.[143] Nesses casos opera, primordialmente, a regulação concorrencial, conforme se verá.

Outra disfunção do modelo de "concorrência perfeita" que também não pode ser confundido com o monopólio público constitucional é o chamado "oligopsônio", ou seja, a situação na qual, ao contrário da anterior, praticamente não existem barreiras de entrada a novos

---

[140] OLIVEIRA; RODAS. *Direito e economia da concorrência*, p. 133.

[141] Conforme a conceituação mais aceita, a "economia de escala" se conceitua como a situação na qual o custo unitário do produto decresce com o aumento da capacidade de produção. Já a "economia de escopo" se refere aos ganhos com a produção de itens diferentes na mesma fábrica e se define pela redução do custo conjunto de produção de diferentes produtos, normalmente derivada da utilização comum de um mesmo conjunto de recursos.

[142] OLIVEIRA; RODAS. *Direito e economia da concorrência*, p. 164.

[143] Grandino Rodas, comentando os oligopólios, cita como exemplo a indústria automobilística (poucas empresas com altos custos de entrada), o que no caso brasileiro, contudo, diminuiu a partir da entrada de novas indústrias por meio da possibilidade de importações. Cf. OLIVEIRA; RODAS. *Direito e economia da concorrência*, p. 162.

competidores, com uma multiplicidade de empresas, ofertando produtos homogêneos ou diferenciados, mas com a existência de pequena quantidade de demandantes desses produtos (pouquíssimos compradores, ou apenas um, quando se caracteriza o "monopsônio").[144]

Voltando ao art. 177 do Diploma Constitucional antes transcrito, tal dispositivo lista de maneira taxativa as atividades econômicas que somente são desenvolvidas por meio da atuação monopolística estatal. Seu conteúdo, portanto, é auto-explicativo, devendo-se consignar, contudo, a última alteração ocorrida em sua redação, especificamente no inciso V, que vinculou a exceção ao monopólio existente às alíneas "b" e "c" do inciso XXIII do *caput* do art. 21, da Carta Magna, ou seja, quando os radioisótopos são utilizados para fins de pesquisa e usos médicos, agrícolas e industriais, com responsabilidade civil independente da existência de culpa (explícita hipótese de responsabilidade objetiva consagrada constitucionalmente).

Observe-se que o §1º do art. 177 da Constituição Federal possibilitou que a União contrate empresas estatais ou privadas para a realização das atividades monopolizadas, a exceção das relacionadas aos minérios e minerais nucleares (inciso V retro-transcrito).

O §2º, por sua vez, instituiu os limites de tal contratação por meio de lei (princípio de legalidade), enquanto o §3º designou à lei a regulação da utilização e transporte dos materiais radioativos. Por fim o §4º instituiu a CIDE (Contribuição de Intervenção no Domínio Econômico relativa às atividades de importação ou comercialização de petróleo e seus derivados, gás natural e seus derivados e álcool combustível), tema de cunho nitidamente tributário.

> Art. 177. (...)
>
> §1º A União poderá contratar com empresas estatais ou privadas a realização das atividades previstas nos incisos I a IV deste artigo observadas as condições estabelecidas em lei. (*Redação dada pela Emenda Constitucional nº 9, de 1995*)
>
> §2º A lei a que se refere o §1º disporá sobre: (*Incluído pela Emenda Constitucional nº 9, de 1995*)
>
> I - a garantia do fornecimento dos derivados de petróleo em todo o território nacional; (*Incluído pela Emenda Constitucional nº 9, de 1995*)
>
> II - as condições de contratação; (*Incluído pela Emenda Constitucional nº 9, de 1995*)
>
> III - a estrutura e atribuições do órgão regulador do monopólio da União; (*Incluído pela Emenda Constitucional nº 9, de 1995*)

---

[144] No mesmo sentido: ARAÚJO. *Resumo de direito econômico*, 3. ed., p. 10.

§3º A lei disporá sobre o transporte e a utilização de materiais radioativos no território nacional. (*Renumerado de §2º para 3º pela Emenda Constitucional nº 9, de 1995*)

§4º A lei que instituir contribuição de intervenção no domínio econômico relativa às atividades de importação ou comercialização de petróleo e seus derivados, gás natural e seus derivados e álcool combustível deverá atender aos seguintes requisitos: (*Incluído pela Emenda Constitucional nº 33, de 2001*)

I - a alíquota da contribuição poderá ser: (Incluído pela Emenda Constitucional nº 33, de 2001)

a) diferenciada por produto ou uso; (Incluído pela Emenda Constitucional nº 33, de 2001)

b) reduzida e restabelecida por ato do Poder Executivo, não se lhe aplicando o disposto no art. 150, III, b; (*Incluído pela Emenda Constitucional nº 33, de 2001*)

II - os recursos arrecadados serão destinados: (Incluído pela Emenda Constitucional nº 33, de 2001)

a) ao pagamento de subsídios a preços ou transporte de álcool combustível, gás natural e seus derivados e derivados de petróleo; (*Incluído pela Emenda Constitucional nº 33, de 2001*)

b) ao financiamento de projetos ambientais relacionados com a indústria do petróleo e do gás; (*Incluído pela Emenda Constitucional nº 33, de 2001*)

c) ao financiamento de programas de infra-estrutura de transportes. (*Incluído pela Emenda Constitucional nº 33, de 2001*)

QUADRO 2
Atuação do Estado na Economia

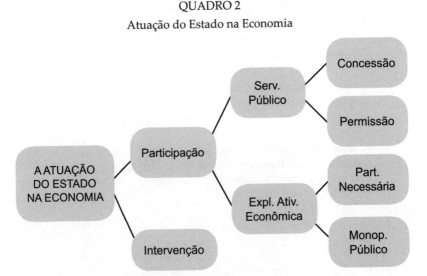

2.2 Intervenção

A intervenção do Estado na ordem econômica, *stricto sensu*, se dá por meio de sua atividade de agente normativo e regulador, caracterizando o "Estado regulador, o Estado promotor e o Estado planejador da atividade econômica".[145]

Segundo Grandino Rodas:

> O papel do Estado empreendedor é mais claro entre as décadas de trinta e oitenta (...), no entanto, é a partir dos anos noventa que ocorre uma mudança sensível, aumentando a importância do papel regulador do Estado, relativamente a sua presença na esfera da produção de bens e serviços.[146]

Tal atuação se vislumbra no texto do art. 174 da Constituição Federal, que complementa os dispositivos dos parágrafos 4º e 5º do art. 173, já mencionados quando tratamos do princípio da livre concorrência e que voltarão à baila quando tratarmos especificamente do abuso de poder econômico, do direito concorrencial e da lei antitruste.

No âmbito da intervenção opera uma distinção necessária, ou seja, a distinção entre a "regulação concorrencial" e a "regulação setorial". Nesse sentido pode-se dizer que a "regulação concorrencial" corresponde a toda normativa voltada à defesa da concorrência pela proteção dos mecanismos naturais de mercado. Já a "regulação setorial" diz respeito a toda normativa cujo objetivo, em qualquer setor da economia, está voltado à substituição ou correção desses mesmos mecanismos naturais de mercado em face da ocorrência de "falhas de mercado" consideradas insuperáveis.

Vejam-se as palavras de Grandino Rodas:

> A defesa da concorrência visaria assegurar a proteção dos mecanismos de mercado. Em contraste, a regulação tradicional teria como objetivo substituir esses mecanismos diante de falhas de mercado consideradas insuperáveis.
>
> A defesa da concorrência tem, portanto, caráter mais geral do que a regulação. Esta última deveria existir, em princípio, quando houvesse uma falha de mercado cujo custo fosse superior ao da intervenção governamental, ou falha de estado.

---

[145] Nas palavras de SILVA. *Curso de direito constitucional positivo*, 13. ed., p. 738.

[146] OLIVEIRA; RODAS. *Direito e economia da concorrência*, p. 132.

A ATUAÇÃO DO ESTADO NA ECONOMIA – A PARTICIPAÇÃO E A INTERVENÇÃO

E ainda:

A atividade regulatória pressupõe uma determinada estrutura de mercado. Em contraste, a defesa da concorrência atua, inclusive, sobre a estrutura do mercado e pode, em determinadas circunstâncias, prevenir configurações anticoncorrenciais, tornando prescindível a própria regulação.[147]

Em que pesem tais considerações, necessário consignar que, com a complexidade atual dos sistemas econômicos, os dois âmbitos de regulação aqui discutidos tendem a interagir, convergindo no sentido de melhor desenvolver as questões atinentes ao funcionamento dos mercados e da concorrência.[148]

Desta forma, tendo em conta o âmbito da "regulação concorrencial", o conteúdo normativo do art. 173, §4º, CF, se conecta diretamente com o princípio da livre concorrência (já estudado), uma vez que é exatamente o dispositivo que estabelece a possibilidade de repressão do abuso de poder econômico que vise a dominação de mercados, a eliminação da concorrência e o aumento arbitrário de lucros. Também este o dispositivo que, em consonância com o princípio da livre concorrência, determina a proibição dos monopólios e dos oligopólios privados, uma vez que os monopólios públicos encontram previsão na própria Constituição, conforme acabamos de ver.

A consecução dos objetivos de tal dispositivo, atualmente, se faz, em especial, por meio da atuação do CADE na aplicação da Lei nº 12.529/2011, que também aqui, a exemplo de outros dispositivos que ainda serão comentados, busca inspiração nos dispositivos da Lei nº 8.884/94, e em seu art. 1º reitera alguns dos princípios da ordem econômica para declinar seu objetivo de *prevenção* e *repressão* das infrações contra a ordem econômica, conformando o direito concorrencial brasileiro e dotando o sistema brasileiro de instrumentos aptos à efetivação dos dispositivos constitucionais pertinentes.

Já o dispositivo do art. 173, §5º, também da Constituição e relativamente às mesmas condutas de abuso de poder econômico mencionadas no parágrafo anterior, *prevê a possibilidade de responsabilização das pessoas jurídicas* (empresa — o bem de produção — gerador de riquezas), além da normal responsabilização de seus dirigentes, *como forma de garantir a efetividade das normas de prevenção e repressão das condutas*

---

[147] OLIVEIRA; RODAS. *Direito e economia da concorrência*, p. 137, 138.
[148] No mesmo sentido: OLIVEIRA; RODAS. *Direito e economia da concorrência*, p. 140.

consideradas atentatórias à ordem econômica, ou em último caso a efetiva possibilidade de reparação dos efeitos de tais condutas. É a mesma Lei nº 12.529/2011 que especificará os contornos de tal responsabilização do ponto de vista administrativo, uma vez que a responsabilidade penal restou consagrada na Lei nº 8.137/90 e é exclusiva em relação às pessoas físicas.

> Art. 173. (...)
>
> §4º A lei reprimirá o abuso do poder econômico que vise à dominação dos mercados, à eliminação da concorrência e ao aumento arbitrário dos lucros.
>
> §5º A lei, sem prejuízo da responsabilidade individual dos dirigentes da pessoa jurídica, estabelecerá a responsabilidade desta, sujeitando-a às punições compatíveis com sua natureza, nos atos praticados contra a ordem econômica e financeira e contra a economia popular.

Já a atividade normativa e reguladora do Estado, especialmente prevista no art. 174 do Diploma Constitucional, se encontra no âmbito da chamada "regulação setorial" e é intimamente ligada aos princípios constitucionais da ordem econômica anteriormente estudados. Tanto é assim que João Bosco Leopoldino da Fonseca consigna:

> No âmbito da economia, o Estado assume importante função, qual seja a de zelar superiormente e garantir, através da fiscalização, incentivo e planejamento, a eficácia dos princípios traçados no artigo 170 CF.[149]

Novamente aqui opera a competência legislativa prevista no art. 24, I, na Carta Magna, e já mencionada, ou seja, não apenas a União terá possibilidade de estabelecer tais regras, mas também os Estados, suplementarmente.[150]

Tendo em vista o âmbito de tal regulação, ou seja, o da "regulação setorial" e o fato de que o mesmo está voltado à substituição ou correção dos mecanismos naturais de mercado em face da ocorrência de "falhas de mercado" consideradas insuperáveis, é necessário debruçar-se, mesmo que superficialmente, sobre temas típicos da ciência econômica. Veja-se, ainda, que essa modalidade de regulação é típica, por exemplo, dos casos de monopólio natural, conceito ao qual já nos referimos anteriormente, tendo em vista que nessas situações o funcionamento

---

[149] FONSECA. _Direito econômico_, 5. ed., p. 139.

[150] Nesse sentido, cf. GRAU. _A ordem econômica na Constituição de 1988_: interpretação e crítica, 3. ed., p. 275.

do mercado necessariamente leva a soluções ineficientes do ponto de vista econômico e social.[151]

Do ponto de vista da Teoria Econômica os mercados deveriam ser perfeitos, ou seja, as leis de oferta e demanda (leis ou mecanismos naturais de mercado) seriam suficientes para alcançar os potenciais máximos de toda a cadeia produtiva ao preço ótimo para todos. Este seria o modelo de mercado perfeitamente competitivo,[152] ou seja, de concorrência perfeita, com multiplicidade de agentes que interagem entre si, tanto na oferta quanto na demanda, de forma que nenhum tenha capacidade de sozinho influir no preço de mercado, tendo em vista a homogeneidade de produtos, a mobilidade dos fatores de produção, o total acesso a informações relevantes e a ausência de economia de escala ou externalidades.[153]

Tal modelo de perfeição de mercado, por óbvio, não existe para além dos estudos teóricos e das posturas ideológicas dos capitalistas liberais puros, como já demonstrou a história da evolução econômica do capitalismo, a qual nos referimos na introdução deste capítulo e que determinou o surgimento de um capitalismo ponderado como o preconizado pela nossa Carta Magna.

A decorrência lógica da inexistência do mercado perfeito, fora dos parâmetros da economia teórica, é a real existência das chamadas "falhas de mercado", cujas origens são basicamente quatro: o "poder de mercado", a "informação assimétrica", as "externalidades" (positivas ou negativas) e os "bens públicos", todos esses conceitos específicos da teoria econômica que não necessariamente correspondem aos conceitos jurídicos dos mesmos termos.

Assim, e mais uma vez, cabe a transcrição das palavras objetivas de Grandino Rodas que a respeito de cada um dos conceitos da teoria econômica acima citados consigna:

Poder de mercado – "(...) uma das condições necessárias para que o funcionamento do mercado produza uma alocação eficiente de recursos e a de que os produtores sejam tomadores e não formadores de preços. Se as empresas têm o poder de influenciar os preços, deixa-se de obter os resultados de eficiência de um mercado competitivo";

Informação assimétrica – "(...) se deixados livres para funcionar, os mercados geram preços e níveis de produção eficientes, se

---

[151] No mesmo sentido: OLIVEIRA; RODAS. *Direito e economia da concorrência*, p. 138, 151.

[152] OLIVEIRA; RODAS. *Direito e economia da concorrência*, p. 159.

[153] No mesmo sentido: ARAÚJO. *Resumo de direito econômico*, 3. ed., p. 10.

houver informação perfeita entre os agentes. É necessário que todos os envolvidos tenham as informações necessárias para tomar suas decisões. Na medida que alguns agentes tenham mais informações do que outros, ou que os conjuntos de informações de diferentes agentes sejam diferentes entre sí (assimetria de informações), cria-se a possibilidade de comportamentos estratégicos por parte dos participantes do mercado, permitindo que estes manipulem as informações que somente eles possuem em benefício próprio. Nestes casos, existe quase sempre espaço para que uma intervenção regulatória melhore a posição de todos os agentes na economia";

Externalidades – "(...) ocorrem situações de externalidade negativa (positiva) quando um custo social (benefício social) gerado pelo processo produtivo não é devidamente internalizado pelo produtor. Neste caso, a regulação pode ser utilizada para melhorar o desempenho do mercado";

Bem público – "(...) são definidos como bens ou serviços que apresentam dois atributos. O primeiro é de serem bens *não rivais*, isto é, seu custo marginal de suprimento para um consumidor adicional é igual a zero. O segundo é o de serem *não exclusivos*, isto é, a natureza do bem ou serviço não permite excluir uma parcela expressiva de consumidores".[154]

Este último conceito da teoria econômica traz, ainda, em seu bojo, o problema do chamado *free riding*, ou "carona", outro tema especificamente econômico e que diz respeito à prática do aproveitamento do "bem público" (economicamente definido) sem a assunção de seu ônus.

Tendo em vista tais conceitos, fica claro que a atuação do Estado na economia, no âmbito específico da intervenção de cunho regulador ou normativo, voltado à "regulação setorial", integra-se ao contexto normativo do art. 174 do Diploma Máximo, exatamente para, por meio da correção dos mecanismos de mercado, tornar eficazes os princípios da ordem econômica constitucional, no sentido de lograr o objetivo maior dessa mesma ordem, estatuído no *caput* do art. 170 da Constituição Federal.

Tal conceituação, contudo, por óbvio tem uma contrapartida, uma vez que implica na interpretação segundo a qual a Ordem Econômica Constitucional privilegiaria a tese econômica da "teoria da escolha pública" (com a qual James Buchanan recebeu o Prêmio Nobel de Economia

---

[154] OLIVEIRA; RODAS. *Direito e economia da concorrência*, p. 137, 139.

no ano de 1986). De modo muito sintético, tal teoria afirmaria a politização das decisões econômicas do Estado, em especial aquelas ligadas ao âmbito da regulação, o que implicaria na ocorrência de "falhas de Estado" (ou de governo), determinadas pela própria intervenção deste último,[155] cujas principais seriam:

a) *a captura do regulador* – nos mercados regulados existiria uma natural propensão a captura do regulador pelo regulado, ou seja, a imposição indireta dos interesses do regulado ao regulador, independentemente dos interesses públicos envolvidos; tal tendência decorreria, especialmente, da assimetria de informação em desfavor do setor público e da natural identidade profissional entre os agentes da autoridade reguladora e o setor regulado;[156]

b) *o problema de agência* – tal problema surge na teoria econômica com a pulverização do controle das companhias abertas nos EUA e a divergência de interesses entre os gestores de tais companhias e seus efetivos proprietários, os acionistas; transpondo o problema para o setor público, tendo em vista a pulverização dos centros de regulação estatal (multiplicação de agências reguladoras) o controle pelo Estado dos gestores de tal regulação se diluiria, podendo surgir divergências entre os interesses dos gestores e os interesses públicos primários envolvidos na questão regulada;

c) *o rent seeking* – tal termo, que poderia ser traduzido por "busca de renda" ou "apropriação" caracteriza a situação na qual, em face do poder exercido pelo Estado na distribuição de bens ou rendas, seja diretamente (concessões, autorizações, etc), seja indiretamente (por meio de regulações que favoreçam ou desfavoreçam determinados setores), os agentes econômicos privados venham a "pagar" por "fatias maiores" em tal distribuição; tal situação faria com que determinados grupos da sociedade, por meio do controle do aparelho estatal, viabilizassem a apropriação de renda ou vantagens excepcionais, para sí e para outrem, em detrimento do próprio Estado.

Na verdade, a "teoria da escolha pública", e em especial a teoria de *rent seeking*, tem sido empregada na defesa de políticas públicas, notadamente em prol da "desregulação" econômica, no sentido de

---

[155] OLIVEIRA; RODAS. *Direito e economia da concorrência*, p. 137.
[156] No mesmo sentido: OLIVEIRA; RODAS. *Direito e economia da concorrência*, p. 148.

aumentar a característica liberal capitalista das economias e afastar as possibilidades de intervenção estatal.

Em que pese a defesa de tais políticas públicas (e o fato das mesmas terem ocorrido em período anterior a crise financeira internacional, momento no qual se viu necessária a intervenção regulatória estatal inclusive nos EUA), temos que a Constituição de 1988 foi clara no sentido de adotar um capitalismo ponderado pelos princípios da ordem econômica e, como dito antes, a "regulação setorial", integra-se ao contexto normativo do art. 174 do Diploma Máximo, exatamente para tornar eficazes os princípios da ordem econômica constitucional, no sentido de lograr o objetivo maior dessa mesma ordem, estatuído no *caput* do art. 170 da Constituição Federal.

> **Art. 174.** Como agente normativo e regulador da atividade econômica, o Estado exercerá, na forma da lei, as funções de fiscalização, incentivo e planejamento, sendo este determinante para o setor público e indicativo para o setor privado.

Importante, ainda, estabelecer o significado dos termos *fiscalização*, *incentivo* e *planejamento*, explicitados no dispositivo em tela.

"Fiscalizar", nas palavras de Grau, pode ser compreendido como:

> (...) prover a eficácia das normas produzidas e medidas encetadas, pelo Estado, no sentido de regular a atividade econômica (...) hão de estar a dar concreção aos princípios que conformam a ordem econômica.[157]

Assim "fiscalizar" corresponde ao acompanhamento constante dos âmbitos econômicos nacionais, velando pela correta aplicação dos dispositivos legais pertinentes, de forma a dar-se plena eficácia aos princípios constitucionais da ordem econômica anteriormente vistos.

No tocante ao "planejamento", opera o discriminante expresso no §1º, do próprio art. 174. A doutrina define o planejamento como um "(...) processo de intervenção estatal no domínio econômico com o fim de organizar atividades econômicas para obter resultados previamente colimados".[158]

---

[157] GRAU. *A ordem econômica na Constituição de 1988*: interpretação e crítica, 3. ed., p. 281.

[158] Conforme SILVA. *Curso de direito constitucional positivo*, 13. ed., p. 739. Também indicam a função de planejar os seguintes dispositivos da Constituição Federal: art. 21, IX e XVIII; art. 30, VIII; art. 43, §1º e inciso I; art. 48, IV; art. 49, IX; art. 58, §2º e inciso VI; art. 74, I; art. 84, XI; art. 165, §4º; art. 166, §1º e inciso II.

Para Eros Roberto Grau, contudo, o planejamento:

(...) não configura modalidade de intervenção, mas simplesmente um método mercê de cuja adoção ela se torna sistematizadamente racional. É forma de ação racional caracterizada pela previsão de comportamentos econômicos e sociais futuros, pela formulação explícita de objetivos e pela definição dos meios de ação coordenadamente dispostos.[159]

O *caput* do art. 174, ora em análise, acabou com as discussões doutrinárias a respeito da imperatividade ou não de tal planejamento e de situar-se a ordem econômica nacional em um sistema de mercado ou em um sistema planificado (socialista) ao consignar que o planejamento é *determinante para o setor público e indicativo para o setor privado*. Nesse sentido, o dispositivo comentado se conecta diretamente com o *caput* do art. 170, que estabelece como fundamento da ordem econômica a livre iniciativa, situando-a no sistema de mercado.

Art. 174. (...)

§1º A lei estabelecerá as diretrizes e bases do planejamento do desenvolvimento nacional equilibrado, o qual incorporará e compatibilizará os planos nacionais e regionais de desenvolvimento.

Outra conexão que aqui se faz é a do dispositivo em análise com o inciso VII do art. 170 da Constituição, que estabelece como princípio da ordem econômica a redução das desigualdades regionais. Esta deve ser a função da compatibilização dos planos nacionais e regionais de desenvolvimento.

Por suposto, tal dispositivo também se conecta com o inciso IX do art. 21, e com o teor do art. 165 da Constituição Federal, que estabelece a exigência dos planos anuais e plurianuais. Por isso, para Grau, "planejamento a que respeita o §1º do art. 174 é o planejamento do desenvolvimento nacional — não o planejamento da economia ou da atividade econômica, observe-se desde logo".[160]

Finalmente, no tocante ao "incentivo", o *caput* do art. 174 da Constituição Federal encontra especificação diretamente, além dos parágrafos 2º, 3º e 4º, abaixo consignados, também com o art. 179, relativo aos incentivos à empresa de pequeno porte e à microempresa,

---

[159] GRAU. *A ordem econômica na Constituição de 1988*: interpretação e crítica, 3. ed., p. 282.
[160] GRAU. *A ordem econômica na Constituição de 1988*: interpretação e crítica, 3. ed., p. 282.

visto quando do estudo do princípio estatuído no art. 170, IX, da Constituição Federal.

Art. 174 (...)

§2º A lei apoiará e estimulará o cooperativismo e outras formas de associativismo.

§3º O Estado favorecerá a organização da atividade garimpeira em cooperativas, levando em conta a proteção do meio ambiente e a promoção econômico-social dos garimpeiros.

§4º As cooperativas a que se refere o parágrafo anterior terão prioridade na autorização ou concessão para pesquisa e lavra dos recursos e jazidas de minerais garimpáveis, nas áreas onde estejam atuando, e naquelas fixadas de acordo com o Art. 21, XXV, na forma da lei.

Nesse passo, e em resumo:

A fiscalização pressupõe o poder de regulamentação, uma vez que visa controlar o cumprimento das determinações. Incentivo (ou fomento) é a função normativa e reguladora da atividade econômica voltada para o estímulo da economia (parágrafos 2º, 3º e 4º). O planejamento deverá ser estabelecido por lei como equilibrado e compatível com os planos nacionais e regionais de desenvolvimento (§1º).[161]

Deve-se mencionar que é de mesma natureza, ou seja, *intervenção de cunho normativo e regulador*, o dispositivo do art. 178 do Diploma Constitucional, relativo à ordenação dos transportes aéreo, marítimo e terrestre, para o qual não é possível a adoção de Medida Provisória, nos termos do art. 246 da Constituição Federal e que também é conectado explicitamente ao princípio de soberania econômica nacional já referido.

Art. 178. A lei disporá sobre a ordenação dos transportes aéreo, aquático e terrestre, devendo, quanto à ordenação do transporte internacional, observar os acordos firmados pela União, atendido o princípio da reciprocidade.

Parágrafo único. Na ordenação do transporte aquático, a lei estabelecerá as condições em que o transporte de mercadorias na cabotagem e a navegação interior poderão ser feitos por embarcações estrangeiras.

---

[161] *In*: CHIMENTI *et al*. *Curso de direito constitucional*: de acordo com as emendas constitucionais n. 50/2006 e 51/2006 e o projeto de emenda da verticalização eleitoral, 3. ed., p. 519.

No mesmo sentido, de *intervenção de cunho normatizador, porém agora incentivador,* o disposto no art. 180 da Constituição Federal, relativo ao incentivo do turismo como fator de desenvolvimento econômico e social, conectado diretamente com ao objetivo de existência digna, bem como à redução das desigualdades sociais.

> Art. 180. A União, os Estados, o Distrito Federal e os Municípios promoverão e incentivarão o turismo como fator de desenvolvimento social e econômico.

Por outro lado, o art. 181 da Constituição traz mandamento de *intervenção nitidamente de cunho normatizador e fiscalizador,* conectado ao princípio de soberania nacional na forma como insculpido no art. 170, I, ao condicionar à autorização do Poder Público o atendimento de solicitações de informações de natureza comercial vinda do exterior.

> Art. 181. O atendimento de requisição de documento ou informação de natureza comercial, feita por autoridade administrativa ou judiciária estrangeira, a pessoa física ou jurídica residente ou domiciliada no País dependerá de autorização do Poder competente.

QUADRO 3

Atuação do Estado na Economia

CAPÍTULO 3

A LEI ANTITRUSTE NACIONAL

3.1 Resenha histórica da evolução legislativa brasileira

O desenvolvimento da legislação brasileira de intervenção no domínio econômico para a proteção da livre concorrência acompanhou, em termos genéricos, a evolução do pensamento político e jurídico a respeito da atuação do Estado na economia, que já foi resumida no capítulo anterior ao cuidarmos das formas de atuação do Estado na economia.[162]

Assim, os primeiros textos constitucionais (Império, 1824, e República, 1891), influenciados pela doutrina do liberalismo, não permitiam qualquer atuação estatal.

A Constituição de 1934 forjou a expressão "economia popular", consolidada na Constituição de 1937 como objeto de "garantias especiais" (art. 141), permitindo a edição dos decretos-lei nº 431/38 e nº 869/38 que, *com um cunho nítido de proteção da livre concorrência*, tipificaram os crimes contra a economia popular. No mesmo período surgiu o Decreto-Lei nº 7.666/45, referente aos "atos contra a ordem moral e econômica", de feição administrativa e não penal, conhecido por "Lei Malaia", que contudo teve curta existência, em que pese ter sido essa nossa primeira tentativa real de regulação administrativa do direito concorrencial.

---

[162] Para uma resenha histórica completa, cf. OLIVEIRA; RODAS. *Direito e economia da concorrência*, p. 17-24.

A Constituição de 1946 inaugurou novo período, uma vez que seu art. 148 já falava expressamente em "abuso de poder econômico", "uniões ou agrupamentos de empresas" com finalidade de dominação de mercados, eliminação da livre concorrência e aumento arbitrário de lucros. Com base em tal dispositivo surgiu a Lei nº 4.137/62, tomada por muitos como o primeiro diploma legal antitruste do Brasil, na qual foi criado o Conselho Administrativo de Defesa Econômica (CADE), com a incumbência de apurar e reprimir tais abusos. Tal tendência foi mantida no sistema constitucional de 67/69, consolidando-se no atual diploma constitucional, conforme já mencionamos ao tratar do art. 173, §4º, CF.

Ao tratarmos do princípio da livre concorrência (art. 170, IV, CF) já consignamos que os textos constitucionais anteriores tinham um viés muito mais repressivo do que incentivador. Já a Carta de 1988 trouxe, nitidamente, um viés *incentivador* ao colocar a livre concorrência como princípio da ordem econômica, induzindo à conclusão de que o Estado deve ser o incentivador da livre iniciativa, uma vez que é essa livre iniciativa que produz a livre concorrência.

Por outro lado, além de incentivador, o Estado também deve agir como protetor, por meio da repressão ao abuso de poder econômico, no que a Carta de 1988 seguiu o sentido dos textos constitucionais anteriores.

Também já se afirmou aqui que o princípio da livre concorrência se conecta com o conteúdo normativo do art. 173, §4º, da Constituição, que é o dispositivo que estabelece a possibilidade de repressão do abuso de poder econômico que vise a dominação de mercados, a eliminação da concorrência e o aumento arbitrário de lucros.

A partir da Constituição Federal de 1988 veio a luz a Lei nº 8.137/90, que tipificou os crimes contra a ordem econômica, nos seus artigos 4º, 5º e 6º. Já a Lei nº 8.158/91 criou a SNDE (Secretaria Nacional de Direito Econômico), no âmbito do Ministério da Justiça, com competências concorrentes com as do CADE. Em 1994, foi sancionada a Lei nº 8.884, que no seu art. 92 expressamente revogou a Lei nº 4.137/62 e a Lei nº 8.158/91. Por fim, de forma a consolidar a normativa pátria antitruste e melhor estruturar todo esse sistema, em especial no tocante ao seus aspectos administrativos, em 30 de novembro de 2011 foi sancionada a Lei nº 12.529, atual diploma regente do direito concorrencial.

Historicamente, a Lei nº 8.884/94 transformou o CADE em autarquia federal e deu as linhas gerais do que a doutrina denominou "Sistema Brasileiro de Defesa da Concorrência" (SBDC), discriminando as competências entre o CADE, a SDE (nova denominação da SNDE) e a SEAE (Secretaria Especial de Acompanhamento Econômico, do

Ministério do Fazenda). Ademais, disciplinou procedimentos e tipificou condutas no âmbito do SBDC que serão objeto de análises específicas seguidamente.

A nova Lei nº 12.529/11, conforme se verá, acolhe expressamente a denominação doutrinária, afirmando ser um dos seus objetivos a estruturação do SBDC (art. 1o) e, nesse sentido, define toda uma nova gama de competências e órgãos pertencentes ao SBDC, sem contudo abandonar conceitos e premissas já consolidados pelos anos de vigência da Lei nº 8.884/94, a qual é permanentemente tomada por referência no texto da Nova Lei, sendo possível afirmar que muitos dos dispositivos desta são transcrições de dispositivos de sua antecessora.

3.2 O que é o direito da concorrência?

Segundo João Grandino Rodas,

> (...) poder-se-ia conceituar direito da concorrência como o *conjunto de regras jurídicas destinadas a apurar, reprimir e prevenir as várias modalidades de abuso de poder econômico*, com o intuito de impedir a monopolização de mercados e favorecer a livre iniciativa, em favor da coletividade.[163]

O diploma legal de regência do direito da concorrência no Brasil é a Lei nº 12.529/11, mas, previamente à análise específica de tal dispositivo, se fazem necessárias algumas considerações teóricas que indicam as premissas de aplicabilidade da lei em tela.

Ao estudarmos o princípio constitucional da livre concorrência (art. 170, IV, CF) e as formas de atuação do Estado na economia, em especial a intervenção com base no art. 173, §4º, do Diploma Constitucional, já consignamos ser o fundamento de tal intervenção o mencionado princípio (livre concorrência) uma vez que tal dispositivo *estabelece a possibilidade de repressão do abuso de poder econômico* que vise a dominação de mercados, a eliminação da concorrência e o aumento arbitrário de lucros.

Ademais, em consonância com o *caput* do art. 170, regra fundamental de nossa ordem econômica constitucional, *toda intervenção estatal na economia deve ter como objetivo os mesmos objetivos ali consignados como pertencentes à ordem econômica*, ou seja, "assegurar a todos existência digna, conforme os ditames da justiça social".

---

[163] *In*: OLIVEIRA; RODAS. *Direito e economia da concorrência*, p. 29.

Nesse passo, além de ser um princípio da ordem econômica, *a manutenção da livre concorrência também é um dos fatores determinantes da atuação do Estado na economia*,[164] mas atuando como um condicionante da livre iniciativa, jungida aos objetivos da ordem econômica constitucional. Tanto é assim que esse tipo de atuação, no capítulo passado, foi estudada dentre as modalidades de atuação como sendo uma das formas de "intervenção *stricto sensu*" do Estado na Economia, especificamente a chamada "regulação concorrencial", ou seja, aquela destinada à defesa da concorrência pela proteção dos mecanismos naturais de mercado.

Conforme já mencionamos anteriormente, o "modelo da concorrência perfeita", ou do "mercado perfeitamente competitivo",[165] seria aquele onde as leis de oferta e demanda (leis ou mecanismos naturais de mercado) seriam suficientes para alcançar os potenciais máximos de toda a cadeia produtiva ao preço ótimo para todos,[166] com multiplicidade de agentes que interagem entre si, tanto na oferta quanto na demanda, de forma que nenhum tenha capacidade de sozinho influir no preço de mercado, tendo em vista a homogeneidade de produtos, a mobilidade dos fatores de produção, o total acesso a informações relevantes e a ausência de economia de escala ou externalidades.[167]

Em face do "modelo de mercado perfeitamente competitivo", o objetivo maior da regulação concorrencial seria exatamente a manutenção do equilíbrio das condições naturais de mercado necessárias à aproximação da realidade ao modelo projetado pela Teoria Econômica.

Outro modelo da Teoria Econômica, contudo, faz frente ao "modelo de mercado perfeitamente competitivo", a saber, o "modelo de mercado contestável".

Segundo parte da doutrina econômica, o "modelo de mercado perfeitamente competitivo" seria ultrapassado uma vez que este reconheceria as "falhas de mercado" (antes já mencionadas), abrindo espaço para a "regulação setorial" por parte do Estado. Assim, criou-se o "modelo do mercado contestável" o qual, nas palavras de Achyles Barcelos da Costa, seria definido como:

---

[164] No mesmo sentido, cf. SILVA. *Curso de direito constitucional positivo*, 13. ed. rev. e atual. nos termos da Reforma Constitucional, p. 727.

[165] OLIVEIRA; RODAS. *Direito e economia da concorrência*, p. 159.

[166] No mesmo sentido: COSTA. Organização industrial, mercados contestáveis e política pública, p. 2, 7.

[167] No mesmo sentido: ARAÚJO. *Resumo de direito econômico*, 3. ed., p. 10.

(...) aquele em que tanto os concorrentes efetivos como os potenciais têm acesso às mesmas tecnologias e consumidores, e onde não existem barreiras à entrada e nem custos de saída. Isto significa que um entrante potencial que deseje estabelecer-se na indústria terá acesso à demanda de mercado, a partir da tecnologia que está sendo utilizada, em igualdade de condições com as firmas já estabelecidas. Por outro lado, se existe um vetor de produção lucrativo, os entrantes potenciais podem ingressar e sair do mercado, mesmo que transitoriamente, *antes* que as empresas estabelecidas possam reagir à entrada. Esta faculdade decorre de a entrada, além de livre, ser totalmente reversível e sem ônus.[168]

Assim, os defensores do "modelo de mercado contestável" sustentam a hipótese de que, diante a ausência de barreiras de entrada e de custo de saída, tendo em vista a total informação por consumidores e produtores e a disponibilização da mesma tecnologia a todos os produtores, a qualquer momento um potencial novo competidor poderá entrar ou sair do mercado e que sua entrada ou saída não influenciará os preços ao consumidor, uma vez que apenas a existência dessa possibilidade já determinaria que o preço fosse ótimo, ou seja, próximo ao custo marginal do produto ofertado.

Logo, não existiriam "falhas de mercado" a serem corrigidas pela regulação setorial e seriam desprezíveis as circunstâncias fáticas combatidas pela regulação concorrencial (tais como os monopólios e oligopólios já antes definidos), uma vez que a potencial competição já seria suficiente à garantia do preço ótimo, próximo ao custo marginal. Nessa hipótese, então, monopólios e oligopólios não seriam deformações do mercado perfeitamente competitivo, mas estruturas que poderiam apresentar eficiência em face do mercado contestável.[169]

Sobraria ao Estado, então, uma única possibilidade de intervenção, ou seja, assegurar a inexistência das barreiras de entrada e a ausência do custo de saída por meio da reversibilidade de tais custos (de entrada e saída), que os defensores do "modelo de mercado contestável" denominaram *sunk costs*.[170]

---

[168] COSTA. Organização industrial, mercados contestáveis e política pública, p. 4.

[169] COSTA. Organização industrial, mercados contestáveis e política pública, p. 5, 6.

[170] Achyles Barcelos da Costa assim explica os *sunk costs*: "O que torna, então, os mercados não-contestáveis? Isto ocorreria naquelas situações onde não é possível a reversibilidade de entrada sem que se incorra em algum ônus. Para tratar com esta questão BPW elaboram o conceito de *sunk costs*, o qual distingue-se dos custos fixos tradicionais em decorrência das dificuldades de seu ressarcimento. O custo fixo reflete as indivisibilidades de algum equipamento, cujo investimento poderia ser recuperado quando se encerrarem as atividades. Já os *sunk costs* são aqueles custos que não podem ser revertidos, pelo menos totalmente,

Ora, diante de tais noções sucintas, é possível perceber que o "modelo de mercado contestável", além de ser um modelo da teoria econômica que parte de premissas ainda mais distantes da realidade dos fatos da vida econômica que o "modelo de mercado perfeitamente competitivo", não se coaduna com o sistema econômico desenhado por nossa ordem constitucional, o qual se utiliza do "modelo de mercado perfeitamente competitivo" exclusivamente como um parâmetro para a identificação das necessidades de intervenção, seja por meio da regulação setorial ou concorrencial, no sentido de que os princípios e objetivos dessa mesma ordem econômica sejam cumpridos.

Desta feita, importa então consolidar o "modelo de mercado perfeitamente competitivo" como aquele passível de ser utilizado como parâmetro para a eficácia e compreensão do princípio da livre concorrência como sendo um dos fatores determinantes da atuação do Estado na economia, condicionante da livre iniciativa, jungida aos objetivos da ordem econômica constitucional.

Tal assertiva leva à conclusão, ainda, de que ao Estado compete proteger a livre concorrência *exclusivamente* nos casos em que a mesma seja ameaçada por condutas que visem a dominação de mercados, a eliminação da própria concorrência e o aumento arbitrário de lucros, *o que em suma poderá influir na garantia de existência digna de todos e na vulneração dos ditames da justiça social,* em especial quando conjugarmos tal princípio com o estatuído no art. 170, V, concernente à defesa do consumidor.[171]

É exatamente no que concerne à defesa do consumidor que se apresenta uma outra definição da Teoria Econômica que interage com o âmbito da regulação concorrencial, ou seja, a doutrina da instalação essencial (ou *essential facility*), segundo a qual um bem ou serviço essencial à comunidade não pode ser objeto de restrições por parte daquele que detém o direito de exploração, de modo que este proporcione o acesso às "infraestruturas" (*essential facilities*) a preços razoáveis, seja aos consumidores, seja a todos aqueles que dela dependem para competirem por tal mercado ou para a oferta de outros produtos em outros mercados (atuação de mais de um agente econômico).

---

depois de se iniciar um empreendimento. Os exemplos que têm sido dados referem-se aos transportes aéreo e ferroviário norte-americanos. Uma aeronave é um custo fixo, mas não é *sunk*, pois pode transitar de uma para outra rota. Já os trilhos de uma ferrovia são tanto fixos quanto *sunk*, enquanto a locomotiva é apenas um custo fixo" (Organização industrial, mercados contestáveis e política pública, p. 6).

[171] No mesmo sentido, cf. ARAÚJO. *Resumo de direito econômico,* 2. ed., p. 97.

Tal doutrina surge no momento da onda de privatizações ou terceirizações de bens ou serviços anteriormente sob a tutela do Estado e, claramente, leva a conclusão de que a iniciativa privada que passa a deter tais bens ou serviços tem a obrigação de adotar posturas e condutas de não discriminação.

A interação é tão clara no direito concorrencial brasileiro que, de forma a tornar mais pragmática nossa aproximação do conceito, especialmente no tocante à atuação de dois ou mais agentes econômicos, transcreve-se abaixo a definição de *essential facility* diretamente da jurisprudência do CADE, a saber:

> O conceito de *essential facility* traduz a idéia de que quando uma empresa detém o controle de um bem ou serviço essencial, ela estaria obrigada a permitir o acesso de outras empresas a este bem ou serviço por um "preço razoável". Segundo Calixto Salomão Filho, uma *"essential facility* existe, portanto, diante de situações de dependência de um agente econômico com relação a outro, no qual a oferta de certos produtos ou serviços não se viabilizaria sem o acesso ou o fornecimento do essencial".
> O conceito de *essential facility* implica a relação entre dois mercados, o mercado *upstream* e o *downstream*. Normalmente, a empresa detentora da facilidade essencial atua nos dois mercados, enquanto a empresa dependente do bem ou serviço atua somente no mercado *downstream*, criando com a primeira uma relação de dependência. (Procedimento Administrativo nº 08012.005660/2003-19, TECON SALVADOR S/A. Julgamento nº 377, 19.7.2006. Parecer do Departamento de Proteção e Defesa da Concorrência, Coordenação Geral de Assuntos Jurídicos, Secretaria de Direito Econômico – MJ).

> A doutrina das "infra-estruturas essenciais", ou *essential facilities*, desenvolveu-se de modo mais robusto, na Europa, depois que teve início o processo de privatização de rodovias, portos, aeroportos. Aplica-se melhor a empreendimentos que detenham essa natureza. Porém, de forma parcimoniosa e com muita cautela, a idéia de que — quando um determinado bem ou serviço for absolutamente indispensável ao ingresso e permanência em um mercado —, a teoria do *essential facilities* é aplicável também aos negócios privados vem, gradativamente, ganhando corpo da doutrina e jurisprudência. (Voto no Processo Administrativo nº 08012.000172/98-42, 26.3.2003. Representante: Power-Tech Teleinformática Ltda.; Representada: Damovo do Brasil S.A. – Mater Tecnologia de Informática Ltda. – MATEC. *DOU*, 13 maio 2003)

Assim, a doutrina da instalação essencial (ou *essential facility*) explicitamente traz para o âmbito da regulação concorrencial uma faceta de defesa do consumidor que diretamente se conecta a possíveis condutas que possam revelar a intenção de dominar de mercados, eliminar a concorrência e assim aumentar arbitrariamente os lucros, em detrimento não apenas ao direito concorrencial, mas também ao direito do consumidor, em face da essencialidade da infra-estrutura utilizada, o que mais uma vez demanda a atuação estatal.

Logo, a assunção do princípio da livre concorrência como sendo um dos fatores determinantes da atuação do Estado na economia, condicionante da livre iniciativa, jungida aos objetivos da ordem econômica constitucional também leva a concluir que, nos casos em que a conduta investigada não indicar os objetivos constitucional e explicitamente condenados (dominação de mercados, a eliminação da própria concorrência e o aumento arbitrário de lucros), em face do *fundamento da ordem econômica na livre iniciativa*, não cabe qualquer atuação protetiva do Estado.

A interpretação aqui esposada decorre, além da análise jurídica dos dispositivos constitucionais em comento, do fato de que a Teoria Econômica, majoritariamente, inclina-se pelo "modelo da concorrência perfeita", afastando-se do modelo de mercado contestável já mencionado.

Nas palavras de João Bosco Leopoldino da Fonseca:

> Garante-se a liberdade de concorrência como forma de alcançar o equilíbrio, não mais aquele atomístico do liberalismo tradicional, mas um equilíbrio entre os grandes grupos e um direito de estar no mercado também para as pequenas empresas.[172]

Importante verificar, ainda, que também do ponto de vista teórico, a concorrência pode ser vista de duas formas:

1. A *concorrência-fim*, na qual se estabelece uma proibição genérica de todos os acordos e práticas susceptíveis de atingirem a estrutura concorrencial do mercado (postura inicial e mais tradicional, adotada formalisticamente pelos EUA, mas já abrandada por sua jurisprudência);

2. A *concorrência-instrumento*, na qual a mesma é ponderada em relação aos demais princípios e objetivos da ordem econômica, podendo até ser sacrificada nos casos em que houver a nítida preponderância de tais objetivos (adotada pelo sistema constitucional brasileiro e pelo direito comunitário europeu).

---

[172] FONSECA. *Direito econômico*, 5. ed., p. 129.

Assim que a proteção da livre concorrência, no sistema constitucional e infraconstitucional brasileiro, não representa um fim em si mesma, mas sim um instrumento apto para alcançar os objetivos da ordem econômica.

Essa deve ser a premissa básica a instruir toda a análise da normativa antitruste brasileira, *não se busca simplesmente barrar todas e quaisquer concentrações dos meios de produção* (poder econômico), que se realizam sob o fundamento da livre iniciativa, mas *apenas aquelas que abusando de tal fundamento possam vulnerar os objetivos e os demais princípios da própria ordem econômica.*

Ainda do ponto de vista teórico, pode-se classificar as condutas de concentração (ou integração), também chamadas de "práticas restritivas da concorrência", em:

a) *unilaterais* (quando se trate de uma única empresa) ou *coordenadas* (atuação de um conjunto de empresas de forma coordenada);

b) *horizontais* (quando afetam os concorrentes de um mesmo mercado) ou *verticais* (quando envolvem diferentes mercados de uma mesma cadeia produtiva em relações de fornecedor-produtor-consumidor).

A classificação das práticas restritivas da concorrência em horizontais ou verticais encontrou regramento, inclusive, por meio da Resolução do CADE nº 20, de 9.6.1999.

É óbvio que no mundo dos fatos e na legislação encontramos ilícitos que admitem simultaneamente mais de uma de tais classificações.[173] Tais classificações, contudo, são úteis na análise circunstanciada dos dispositivos legais pertinentes.

Verificadas algumas premissas teóricas básicas do direito concorrencial, passemos à análise do dispositivo legal brasileiro antitruste, a Lei nº 12.529/11.

3.3 A Lei nº 12.529/11, que reestruturou o SBCD

Conforme já mencionamos anteriormente a nova Lei nº 12.529/11, declinou entre seus objetivos a estruturação do SBDC (art. 1º), sem contudo abandonar conceitos e premissas já consolidados pelos anos de vigência da Lei nº 8.884/94, a qual é tomada como base do texto da nova lei.

---

[173] Nesse sentido, cf. OLIVEIRA; RODAS. *Direito e economia da concorrência*, p. 33-34.

De fato, e meritoriamente, a atual Lei do CADE não veio para destruir e renovar tudo, mas sim para construir um sistema nacional de defesa da concorrência, o SBDC, utilizando-se dos alicerces e bases muito bem plantados por sua antecessora, em uma clara metodologia de "continuidade com aperfeiçoamento" que tende à correção das falhas do sistema anterior, mas com a manutenção dos méritos desse mesmo sistema anterior, possibilitando o aumento do nível de excelência do exercício das competências atribuídas aos órgãos de defesa da concorrência.

Genericamente pode-se dizer que a principal característica da Lei nº 12.529/11, a exemplo do que já ocorria com a Lei nº 8.884/94, é o fato de a mesma *configurar-se como um sistema jurídico que se utiliza de conceitos próprios, tendentes a ter uma visão de conjunto dos fenômenos empresariais e econômicos*, mas que se integra a outros sistemas jurídicos nacionais, como os de defesa do consumidor e da propriedade industrial.

Ademais, a Lei adota a sistemática de proteção da *concorrência entendida como instrumento*, ou seja, pondera tal princípio com relação aos demais princípios e objetivos da ordem econômica constitucional, tanto assim que os bens jurídicos tutelados têm estreita vinculação à consecução de tais objetivos.

Tal fica nítido da leitura do art. 1º, *caput*, da Lei nº 12.529/11, que reitera alguns dos princípios da ordem econômica para declinar seu objetivo de *prevenção e repressão* às infrações contra a ordem econômica.[174]

Na busca da concreção de tal objetivo, a Lei se concentra especialmente nos efeitos das condutas, buscando maneiras de prevenção e reparação dos efeitos danosos que uma determinada conduta possa imprimir ao mercado concorrencial brasileiro.

Logo, os bens jurídicos tutelados pela normativa em tela são exatamente os princípios da ordem econômica, em especial aqueles transcritos no dispositivo acima mencionado, e *a Lei assume seja a coletividade o titular de tais bens*, conforme o parágrafo único do art. 1º, o que corresponde a *classificá-los como direitos difusos*, por atingirem um número indeterminado de pessoas e serem indivisíveis.

O art. 1º da lei também consignou entre seus objetivos a estruturação do Sistema Brasileiro de Defesa da Concorrência (SBDC), terminologia adotada expressamente pela lei, consagrada antes pela doutrina, mas

---

[174] Art. 1º Esta Lei estrutura o Sistema Brasileiro de Defesa da Concorrência – SBDC e dispõe sobre a prevenção e a repressão às infrações contra a ordem econômica, orientada pelos ditames constitucionais de liberdade de iniciativa, livre concorrência, função social da propriedade, defesa dos consumidores e repressão ao abuso do poder econômico.
Parágrafo único. A coletividade é a titular dos bens jurídicos protegidos por esta Lei.

que não constava da lei anterior, como já referimos. Em tal estruturação, a primeira modificação aparecerá no art. 3º, conforme se verá.

O art. 2º da Lei determina o critério de aplicação territorial da mesma, correspondente ao todo ou parte do território nacional, tenham as condutas sido praticadas no mesmo ou somente tenham seus efeitos no mesmo. Percebe-se aqui a referência explícita à preocupação da Lei com os *efeitos das condutas que possam vulnerar o direito concorrencial brasileiro*. Tal preocupação permeia todo o conteúdo normativo da Lei nº 12.529/11.

Ainda com relação ao critério de territorialidade, deve ser consignado, a título ilustrativo, que o critério adotado pela Lei brasileira corresponde ao mesmo adotado pela normativa comunitária europeia.[175]

O dispositivo do art. 2º, ainda, deve ser aplicável sem prejuízo das convenções ou tratados internacionais dos quais o Brasil seja parte, em conexão clara com o art. 170, I, da Constituição Federal, que cuida do princípio da soberania econômica nacional.

Nesse ponto existe uma imprecisão terminológica da Lei nº 12.529/11, que inexplicavelmente reproduz a mesma imprecisão já existente no art. 2º da lei anterior, ao consignar os tratados e convenções os quais o Brasil seja *signatário*. De fato, a compreensão correta do dispositivo somente pode levar à interpretação de que o mesmo se refere aos tratados e convenções dos quais o Brasil seja *parte*, uma vez que é pacífico na doutrina do Direito Internacional Público que o fato de um país ser signatário de um instrumento internacional não lhe acarreta quaisquer deveres ou obrigações (decorrentes de tal instrumento), à exceção do dever de envidar esforços internos para, um dia, se tornar parte de tal instrumento.

Por sua vez, os parágrafos 1º e 2º do mesmo dispositivo,[176] declinam as regras de domicílio da empresa nacional e estrangeira, bem como de intimação destas últimas, em consonância com o conceito de empresa nacional, e por exclusão o conceito de empresa estrangeira,

---

[175] Nesse sentido, cf. ARAÚJO. *Resumo de direito econômico*, 2. ed., p. 98.

[176] Art. 2º Aplica-se esta Lei, sem prejuízo de convenções e tratados de que seja signatário o Brasil, às práticas cometidas no todo ou em parte no território nacional ou que nele produzam ou possam produzir efeitos.
§1º Reputa-se domiciliada no território nacional a empresa estrangeira que opere ou tenha no Brasil filial, agência, sucursal, escritório, estabelecimento, agente ou representante.
§2º A empresa estrangeira será notificada e intimada de todos os atos processuais previstos nesta Lei, independentemente de procuração ou de disposição contratual ou estatutária, na pessoa do agente ou representante ou pessoa responsável por sua filial, agência, sucursal, estabelecimento ou escritório instalado no Brasil.

estabelecido nos artigos 170, IX, e 176, §1º, da Constituição Federal, aos quais já nos referimos.

Assim, *a Lei é dotada de grande amplitude subjetiva*, o que se comprova pelo seu art. 31, que textualmente afirma aplicar-se: "às pessoas físicas ou jurídicas de direito público ou privado, bem como a quaisquer associações de entidades ou pessoas, constituídas de fato ou de direito, ainda que temporariamente, com ou sem personalidade jurídica, mesmo que exerçam atividade sob regime de monopólio legal".

Tal dispositivo, ao dotar a Lei de tamanha amplitude subjetiva, trabalha em conjunto, inclusive, com a possibilidade de decretação da desconsideração da personalidade jurídica, prevista no art. 34 da Lei,[177] em termos análogos ao do Código de Defesa do Consumidor em seu art. 28 (situações de: abuso de direito, excesso de poder, infração à lei, fato ou ato ilícito, violação de estatuto ou contrato social; falência, insolvência, encerramento ou inatividade decorrentes de má administração).

Nestes casos responde a pessoa física dirigente da empresa pelas infrações à ordem econômica perpetradas pela mesma. O mencionado dispositivo exemplifica a integração do sistema concorrencial a outros sistemas de direito nacional, conforme mencionado no início deste capítulo.[178]

3.3.1 A SAE, o CADE e a nova estrutura administrativa

Seguindo-se na ordem cronológica da Lei nº 12.529/11, o art. 3º abre o Título II da mesma, que traz toda a nova estrutura do Sistema Brasileiro de Defesa da Concorrência, afirmando ser este composto pelo CADE, Conselho Administrativo de Defesa Econômica, e pela Secretaria de Acompanhamento Econômico do Ministério da Fazenda (SAE).

A menção expressa da SAE na estruturação do SBDC é relevante. Enquanto a Lei nº 8.884/94 mencionava a SEAE (Secretaria Especial de Acompanhamento Econômico do Ministério da Fazenda, antecessora da SAE) como um órgão "parceiro" do SBDC, com funções de auxílio ao

---

[177] Art. 34. A personalidade jurídica do responsável por infração da ordem econômica poderá ser desconsiderada quando houver da parte deste abuso de direito, excesso de poder, infração da lei, fato ou ato ilícito ou violação dos estatutos ou contrato social.
Parágrafo único. A desconsideração também será efetivada quando houver falência, estado de insolvência, encerramento ou inatividade da pessoa jurídica provocados por má administração.

[178] Veja-se, ainda, que as mesmas condições de desconsideração da personalidade jurídica são trazidas pelo art. 135, III, Código Tributário Nacional; e pelo art. 50 do novo Código Civil. No mesmo sentido, cf. ARAÚJO. *Resumo de direito econômico*, 2. ed., p. 100.

CADE ao longo de todos os procedimentos ali previstos, especialmente na parte de instrução dos mesmos, a nova Lei nº 12.529/11 expressamente consigna tal órgão como essencial à estrutura do Sistema, em que pese estar fora do contexto autárquico do CADE.

Desta forma, as funções de auxílio na instrução dos processos administrativos anteriormente previstas passaram a ser de competência da Superintendência Geral do CADE (SG) e a Lei nº 12.529/11 passou a estabelecer uma competência nova e própria à SAE, concernente à promoção da concorrência dentro dos próprios órgãos governamentais e perante a Sociedade, por meio de atribuições específicas determinadas nos oito incisos do art. 19.[179]

Tal função, dentro do sistema anterior, era exercida pelo próprio CADE, seus conselheiros e funcionários, de maneira quase que informal,

---

[179] Art. 19. Compete à Secretaria de Acompanhamento Econômico promover a concorrência em órgãos de governo e perante a sociedade cabendo-lhe, especialmente, o seguinte:
I - opinar, nos aspectos referentes à promoção da concorrência, sobre propostas de alterações de atos normativos de interesse geral dos agentes econômicos, de consumidores ou usuários dos serviços prestados submetidos a consulta pública pelas agências reguladoras e, quando entender pertinente, sobre os pedidos de revisão de tarifas e as minutas;
II - opinar, quando considerar pertinente, sobre minutas de atos normativos elaborados por qualquer entidade pública ou privada submetidos à consulta pública, nos aspectos referentes à promoção da concorrência;
III - opinar, quando considerar pertinente, sobre proposições legislativas em tramitação no Congresso Nacional, nos aspectos referentes à promoção da concorrência;
IV - elaborar estudos avaliando a situação concorrencial de setores específicos da atividade econômica nacional, de ofício ou quando solicitada pelo CADE, pela Câmara de Comércio Exterior ou pelo Departamento de Proteção e Defesa do Consumidor do Ministério da Justiça ou órgão que vier a sucedê-lo;
V - elaborar estudos setoriais que sirvam de insumo para a participação do Ministério da Fazenda na formulação de políticas públicas setoriais nos fóruns em que este Ministério tem assento;
VI - propor a revisão de leis, regulamentos e outros atos normativos da administração pública federal, estadual, municipal e do Distrito Federal que afetem ou possam afetar a concorrência nos diversos setores econômicos do País;
VII - manifestar-se, de ofício ou quando solicitada, a respeito do impacto concorrencial de medidas em discussão no âmbito de fóruns negociadores relativos às atividades de alteração tarifária, ao acesso a mercados e à defesa comercial, ressalvadas as competências dos órgãos envolvidos;
VIII - encaminhar ao órgão competente representação para que este, a seu critério, adote as medidas legais cabíveis, sempre que for identificado ato normativo que tenha caráter anticompetitivo.
§1º Para o cumprimento de suas atribuições, a Secretaria de Acompanhamento Econômico poderá:
I - requisitar informações e documentos de quaisquer pessoas, órgãos, autoridades e entidades, públicas ou privadas, mantendo o sigilo legal quando for o caso;
II - celebrar acordos e convênios com órgãos ou entidades públicas ou privadas, federais, estaduais, municipais, do Distrito Federal e dos Territórios para avaliar e/ou sugerir medidas relacionadas à promoção da concorrência.
§2º A Secretaria de Acompanhamento Econômico divulgará anualmente relatório de suas ações voltadas para a promoção da concorrência.

em um processo de convencimento de autoridades públicas locais ou nacionais, bem como de manifestação à Sociedade, da relevância de estabelecer-se condutas pró-concorrenciais, o que os operadores do Direito do SBDC acabaram por chamar de *advocacy* (ou advocacia da concorrência),[180] adotando uma terminologia comum a órgãos de defesa da concorrência de outros países.

A Lei nº 12.529/11, portanto, reconhece a relevância de tal função e a necessidade de formalização legal da mesma, consignando à SAE a *advocacy* (ou advocacia da concorrência) e atribuindo-lhe as competências necessárias a tanto.

Percebe-se, pois, que o objetivo de estruturação do SBDC, expresso no art. 1º da Lei nº 12.529/11, muito além de uma mera construção de estruturas administrativas, abraça por completo o viés incentivador da livre concorrência, a respeito do qual já nos referimos ao comentarmos o art. 170, IV, da Constituição Federal, determinando uma alteração formal e pragmática do comportamento da própria máquina administrativa em relação à concorrência, no sentido de que a promoção da concorrência deve ser um "ato contínuo" do Estado, representado pelo governo, perante a Sociedade.

O viés incentivador da normativa constitucional passa a ser acompanhado pelo compromisso legal no sentido da promoção contínua da livre concorrência, compromisso que agora também é de qualquer governo do Brasil, inclusive por meio de um órgão com competência específica para tal promoção, a SAE.

Por sua vez, o art. 4º confirma as disposições da lei anterior, mantendo o CADE como autarquia federal vinculada ao Ministério da Justiça (em nítida conexão com o art. 37, XIX, da Constituição Federal, que determina que "somente por lei específica se pode criar autarquia"). Nas palavras de Eugênio Rosa de Araújo, a natureza jurídica de autarquia federal do CADE representaria ser este:

> (...) pessoa jurídica de Direito Público, com patrimônio e receita próprios, voltada para a execução de atividades típicas de administração pública que requeiram, para seu melhor funcionamento, gestão administrativa e financeira descentralizada.[181]

---

[180] O termo *advocacy*, proveniente do inglês, em uma tradução livre, corresponde a toda ação voltada à defesa pública de uma postura, conduta ou conceito.

[181] ARAÚJO. *Resumo de direito econômico*, 2. ed., p. 98.

Tal conceituação teórica se confirma em todo o Título II da Lei, que segue até o art. 19, já mencionado, estruturando e dando funções aos órgãos administrativos do SBDC. Além disso, também encontra ressonância no Título IV da Lei (artigos 21 a 30), o qual define a estrutura patrimonial, de receitas e de gestão administrativa, orçamentária e financeira do CADE.

Nesse sentido, inicialmente declina-se a composição do CADE no art. 5º da Lei nº 12.529/11, estabelecendo-se uma estrutura tripartite, ou seja, fundada em três órgãos com funções, estruturas e tamanhos diferenciados, a saber:

I - o Tribunal Administrativo de Defesa Econômica (TADE – artigos 6 a 11);

II - a Superintendência Geral (SG – artigos 12 a 14);

III - o Departamento de Estudos Econômicos (DEE – artigos 17 e 18).

Convém, então, nos debruçarmos inicialmente sobre cada um desses órgãos, ademais de, seguindo no máximo possível a ordem cronológica da Lei, também identificarmos outros órgãos atuantes no SBDC.

Nesse sentido, o Tribunal Administrativo de Defesa Econômica (TADE), previsto no art. 6º da Lei como órgão judicante, dentro da estrutura do "Novo CADE", representa o órgão mais próximo em forma e função à antiga funcionalidade administrativa do CADE.

O art. 6º da Lei nº 12.529/11 assim define a estrutura do Tribunal:

- um presidente e seis conselheiros, nomeados pelo Presidente da República e aprovados pelo Senado – *caput*;
- com mandato de quatro anos não coincidentes, sendo vedada a recondução – §1º (no antigo CADE eram 2 anos, com possibilidade de uma recondução);
- com dedicação exclusiva – §2º, o que se coaduna com o art. 37, XVI e XVII, da Constituição Federal, que estabelece a proibição de cumulação de cargos estendida às autarquias, excetuada a possibilidade de exercício de cargos de professor;
- na vacância do cargo de Presidente, assume o Conselheiro mais antigo no cargo, ou mais idoso, até nova nomeação e sem prejuízo de atribuições (§3º);
- na vacância do cargos de qualquer Conselheiro, procede-se à nova nomeação, para completar o mandato do substituído (§4º).

Interessante notar que, diferentemente do diploma legal anterior, a Lei nº 12.529/11 trouxe, no mesmo dispositivo do art. 6º, em seu §5º,

104 SÉRGIO AUGUSTO G. PEREIRA DE SOUZA
PREMISSAS DE DIREITO ECONÔMICO

uma norma de suspensão de prazos processuais, decorrente da ausência de quorum por conta das circunstâncias previstas nos parágrafos 3º e 4º, acima citados.[182]

Seguidamente são estabelecidas as causas de perda de mandato dos conselheiros (art. 7º) e as vedações impostas aos mesmos (art. 8º),[183] sendo destacável a regulação, agora existente nos parágrafos do art. 8º, dos períodos de "quarentena" do Presidente e Conselheiros (120 dias), inclusive com a percepção de remuneração e a tipificação do ilícito de "advocacia administrativa" para o descumprimento de tal "quarentena".

O art. 9º declina as competências do plenário do Tribunal, destacando-se a de decisão sobre a existência de infração e aplicação das penalidades (inciso II), bem como dos respectivos processos administrativos tendentes à imposição das mesmas (inciso III); a aprovação dos

---

[182] Art. 6º (...).
§5º Se, nas hipóteses previstas no §4º deste artigo, ou no caso de encerramento de mandato dos Conselheiros, a composição do Tribunal ficar reduzida a número inferior ao estabelecido no §1º do art. 9º desta Lei, considerar-se-ão automaticamente suspensos os prazos previstos nesta Lei, e suspensa a tramitação de processos, continuando-se a contagem imediatamente após a recomposição do quorum.

[183] Art. 7º A perda de mandato do Presidente ou dos Conselheiros do CADE só poderá ocorrer em virtude de decisão do Senado Federal, por provocação do Presidente da República, ou em razão de condenação penal irrecorrível por crime doloso, ou de processo disciplinar de conformidade com o que prevê a Lei nº 8.112, de 11 de dezembro de 1990 e a Lei nº 8.429, de 2 de junho de 1992, e por infringência de quaisquer das vedações previstas no art. 8º desta Lei.
Parágrafo único. Também perderá o mandato, automaticamente, o membro do Tribunal que faltar a 3 (três) reuniões ordinárias consecutivas, ou 20 (vinte) intercaladas, ressalvados os afastamentos temporários autorizados pelo Plenário.
Art. 8º Ao Presidente e aos Conselheiros é vedado:
I - receber, a qualquer título, e sob qualquer pretexto, honorários, percentagens ou custas;
II - exercer profissão liberal;
III - participar, na forma de controlador, diretor, administrador, gerente, preposto ou mandatário, de sociedade civil, comercial ou empresas de qualquer espécie;
IV - emitir parecer sobre matéria de sua especialização, ainda que em tese, ou funcionar como consultor de qualquer tipo de empresa;
V - manifestar, por qualquer meio de comunicação, opinião sobre processo pendente de julgamento, ou juízo depreciativo sobre despachos, votos ou sentenças de órgãos judiciais, ressalvada a crítica nos autos, em obras técnicas ou no exercício do magistério; e
VI - exercer atividade político-partidária.
§1º É vedado ao Presidente e aos Conselheiros, por um período de 120 (cento e vinte) dias, contado da data em que deixar o cargo, representar qualquer pessoa, física ou jurídica, ou interesse perante o SBDC, ressalvada a defesa de direito próprio.
§2º Durante o período mencionado no §1º deste artigo, o Presidente e os Conselheiros receberão a mesma remuneração do cargo que ocupavam.
§3º Incorre na prática de advocacia administrativa, sujeitando-se à pena prevista no art. 321 do Decreto-Lei nº 2.848, de 7 de dezembro de 1940 – Código Penal, o ex-presidente ou ex-conselheiro que violar o impedimento previsto no §1º deste artigo.
§4º É vedado, a qualquer tempo, ao Presidente e aos Conselheiros utilizar informações privilegiadas obtidas em decorrência do cargo exercido.

termos de compromisso de cessação de prática e dos acordos de controle de concentrações (inciso V); a requisição de órgãos, serviços, pessoal e de providências administrativas e judiciais (incisos VIII, XII e XIII). Seguindo com a ordem cronológica da Lei, o art. 10º discrimina as competências do presidente do Tribunal, que também é o presidente do CADE, portanto seu representante legal (no Brasil e no exterior – inciso I), detentor do voto de qualidade nas reuniões do plenário (inciso II), ordenador de despesas (inciso X), e autoridade máxima da autarquia, inclusive com poderes de orientação, coordenação, supervisão e fiscalização dos demais organismos administrativos internos do CADE. Por sua vez, o art. 11 cuida das competências dos demais Conselheiros do Tribunal, sendo de se destacar a competência para aplicação de medidas preventivas (inciso IV), também encontrável entre os atos preventivos da Superintendência Geral do CADE (art. 13, XI), reguladas nos temos do art. 84.[184] [185]

Os artigos 12 a 14 da Lei dão a estrutura, competências e atribuições da Superintendência Geral do CADE (SG), que substituindo as antigas SDE e SEAE, ganha relevância na estrutura administrativa do órgão de defesa da concorrência.

Efetivamente, passa a existir a figura do Superintendente Geral, cujas formas de indicação, os impedimentos e vedações (art. 12), são coincidentes com as dos Conselheiros do CADE (à exceção do mandato, que é apenas de 2 anos e admite uma recondução, §2º), mas que, contudo, não tem atribuições coincidentes com os mesmos.

A Superintendência Geral (SG), na forma do art. 13 da Lei, tem competências de instrução dos procedimentos administrativo no âmbito do CADE, congregando as atividades instrutórias das antigas SDE e SEAE (incisos III e V), mas também tendo a capacidade decisória, seja

---

[184] Art. 84. Em qualquer fase do inquérito administrativo para apuração de infrações ou do processo administrativo para imposição de sanções por infrações à ordem econômica, poderá o Conselheiro-Relator ou o Superintendente-Geral, por iniciativa própria ou mediante provocação do Procurador-Chefe do CADE, adotar medida preventiva, quando houver indício ou fundado receio de que o representado, direta ou indiretamente, cause ou possa causar ao mercado lesão irreparável ou de difícil reparação, ou torne ineficaz o resultado final do processo.
§1º Na medida preventiva, determinar-se-á a imediata cessação da prática e será ordenada, quando materialmente possível, a reversão à situação anterior, fixando multa diária nos termos do art. 39 desta Lei.
§2º Da decisão que adotar medida preventiva caberá recurso voluntário ao Plenário do Tribunal, em 5 (cinco) dias, sem efeito suspensivo.
[185] Nesse sentido, mas referindo-se ao diploma legal anterior, cf. OLIVEIRA; RODAS. *Direito e economia da concorrência*, p. 203-209.

no tocante aos procedimentos sancionatórios (com recurso de ofício ao Tribunal nos casos arquivamento – inciso VII), seja nos procedimentos de análise de atos de concentração econômica (inciso XII – podendo diretamente aprovar tais atos ou, impugnando-os, deixar a decisão final para o Tribunal).

O Superintendente Geral terá, ainda (art. 14), as atribuições necessárias à gestão orçamentária do CADE (inciso V) e ao cumprimento das decisões do Tribunal (inciso II), podendo participar das sessões plenárias do Tribunal, sem direito a voto, mas realizando sustentações orais quanto entender necessário (inciso I).

A nova estrutura administrativa do CADE conta, também, com um Departamento de Estudos Econômico (art. 17), chefiado por um Economista-Chefe, nomeado por decisão conjunta do Superintendente Geral e do Presidente do Tribunal (art. 18), com a atribuição de elaborar os estudos e pareceres econômicos necessários à atualização técnica e científica das decisões do órgão.[186]

Por sua vez, os artigos 15 e 16 estabelecem as atribuições da Procuradoria do CADE e a forma de investidura de seu Procurador-Geral,[187]

---

[186] Art. 17. O CADE terá um Departamento de Estudos Econômicos, dirigido por um Economista-Chefe, a quem incumbirá elaborar estudos e pareceres econômicos, de ofício ou por solicitação do Plenário, do Presidente, do Conselheiro-Relator ou do Superintendente-Geral, zelando pelo rigor e atualização técnica e científica das decisões do órgão.
Art. 18. O Economista-Chefe será nomeado, conjuntamente, pelo Superintendente-Geral e pelo Presidente do Tribunal, dentre brasileiros de ilibada reputação e notório conhecimento econômico.
§1º O Economista-Chefe poderá participar das reuniões do Tribunal, sem direito a voto.
§2º Aplicam-se ao Economista-Chefe as mesmas normas de impedimento aplicáveis aos Conselheiros do Tribunal, exceto quanto ao comparecimento às sessões.

[187] Art. 15. Funcionará junto ao CADE Procuradoria Federal Especializada, competindo-lhe:
I - prestar consultoria e assessoramento jurídico ao CADE;
II - representar o CADE judicial e extrajudicialmente;
III - promover a execução judicial das decisões e julgados do CADE;
IV - proceder à apuração da liquidez dos créditos do CADE, inscrevendo-os em dívida ativa para fins de cobrança administrativa ou judicial;
V - tomar as medidas judiciais solicitadas pelo Tribunal ou pela Superintendência-Geral, necessárias à cessação de infrações da ordem econômica ou à obtenção de documentos para a instrução de processos administrativos de qualquer natureza;
VI - promover acordos judiciais nos processos relativos a infrações contra a ordem econômica, mediante autorização do Tribunal;
VII - emitir, sempre que solicitado expressamente por Conselheiro ou pelo Superintendente-Geral, parecer nos processos de competência do CADE, sem que tal determinação implique a suspensão do prazo de análise ou prejuízo à tramitação normal do processo;
VIII - zelar pelo cumprimento desta Lei; e
IX - desincumbir-se das demais tarefas que lhe sejam atribuídas pelo regimento interno.
Parágrafo único. Compete à Procuradoria Federal junto ao CADE, ao dar execução judicial às decisões da Superintendência-Geral e do Tribunal, manter o Presidente do Tribunal, os Conselheiros e o Superintendente-Geral informados sobre o andamento das ações e medidas judiciais.

que presta assessoria jurídica à autarquia e a defende em juízo, promove a execução de suas decisões e a adoção de acordos judiciais, além de participar das reuniões do Conselho sem direito a voto. De outro lado, o art. 20 determina a designação de um membro do Ministério Público Federal (MPF) para a emissão de pareceres nos processos sujeitos à apreciação do CADE e relativos à imposição de sanções administrativas,[188] o qual exerce função típica de controle de legalidade, *custus legis*. Perceba-se, contudo, que a Lei nº 12.529/11 operou uma sensível redução na atuação do Ministério Público Federal no âmbito do SBDC, uma vez que a lei anterior determinava que o mesmo oficiasse em *quaisquer processos administrativos no âmbito do CADE*, e não apenas naqueles com imposição de sanções, o que implicava na presença constante do MPF no desenvolvimento regular de todos os procedimentos, inclusive aqueles nos quais se analisassem atos de concentração legalmente sujeitos ao controle do SBDC, podendo o *parquet*, manifestar opiniões a respeito dos mesmos, propor restrições e participar das sessões de julgamento do órgão (sem direito a voto).

Veja-se que, mesmo no âmbito dos inquéritos administrativos para apuração de infrações à ordem econômica (art. 66) a participação do Ministério Público não se faz obrigatória, podendo ser solicitada nos casos em que a Superintendência Geral entender adequado (§8º).

Em que pese a mencionada redução, o dispositivo em questão estabelece uma nítida conexão da Lei concorrencial com art. 128, §5º da Constituição Federal, ademais de também conectar-se com os seguintes dispositivos da Lei Complementar nº 75/93: art. 5º, §2º; art. 6º, parágrafos 1º e 2º; art. 11; art. 16; e art. 20. *Tal exigência se explica, especialmente, porque que é a coletividade o titular do bem jurídico tutelado pela Lei.*

Art. 16. O Procurador-Chefe será nomeado pelo Presidente da República, depois de aprovado pelo Senado Federal, dentre cidadãos brasileiros com mais de 30 (trinta) anos de idade, de notório conhecimento jurídico e reputação ilibada.

§1º O Procurador-Chefe terá mandato de 2 (dois) anos, permitida sua recondução para um único período.

§2º O Procurador-Chefe poderá participar, sem direito a voto, das reuniões do Tribunal, prestando assistência e esclarecimentos, quando requisitado pelos Conselheiros, na forma do Regimento Interno do Tribunal.

§3º Aplicam-se ao Procurador-Chefe as mesmas normas de impedimento aplicáveis aos Conselheiros do Tribunal, exceto quanto ao comparecimento às sessões.

§4º Nos casos de faltas, afastamento temporário ou impedimento do Procurador-Chefe, o Plenário indicará e o Presidente do Tribunal designará o substituto eventual dentre os integrantes da Procuradoria Federal Especializada.

[188] Art. 20. O Procurador-Geral da República, ouvido o Conselho Superior, designará membro do Ministério Público Federal para, nesta qualidade, emitir parecer, nos processos administrativos para imposição de sanções administrativas por infrações à ordem econômica, de ofício ou a requerimento do Conselheiro-Relator.

A intimação do membro do Ministério Público Federal, nos processos administrativos em andamento no CADE, se dá pessoalmente nos autos, de conformidade com o art. 18, II, "h", da Lei Complementar nº 75/93, c.c. art. 84 do Código de Processo Civil, podendo pronunciar-se sobre documentos, requerer diligências, recorrer, provocar adoção de medidas preventivas, arguir suspeições ou impedimentos e todos os demais atos pertinentes ao processo administrativo sancionador em curso no CADE.

Deve restar absolutamente claro que as funções do Procurador-Geral do CADE, ou dos demais Procuradores do órgão, *não se confundem com a do Procurador da República que oficie nos processos sujeitos à apreciação do CADE.*

Enquanto os primeiros têm funções de assessoria e representação junto à autarquia, se vinculando aos interesses da própria autarquia, o segundo é totalmente desvinculado de tais interesses, cabendo-lhe opinar sempre no sentido do controle da legalidade dos atos e julgamentos nos processos administrativos sancionadores levados a efeito no CADE e, inclusive, questionar judicialmente tais atos e julgamentos.[189]

3.3.2 As infrações ao direito concorrencial

A partir do art. 31, já mencionado e que determina a amplitude subjetiva da Lei nº 12.529/11, estabelece-se o Título V da Lei, concernente às infrações da ordem econômica. Em consonância com essa mesma amplitude subjetiva, além do art. 34 (também já citado) que discrimina as hipóteses de desconsideração da personalidade jurídica, o art. 32 expressamente consigna a responsabilidade individual dos dirigentes e administradores da empresa infratora, *solidariamente com a mesma,* enquanto que o art. 33 estende tal solidariedade às demais empresas ou entidades integrantes de grupo econômico, de fato ou de direito.[190]

Pode-se ter a leitura segundo a qual esses últimos dispositivos indicariam uma vertente de responsabilidade objetiva. Em que pese tal possibilidade teórica, deve-se consignar que a evolução da jurisprudência administrativa a respeito do tema tem afastado qualquer hipótese de responsabilidade objetiva dos dirigentes e administradores em favor de critérios que permitam a aplicação subjetiva da responsabilidade.[191]

---

[189] No mesmo sentido, cf. OLIVEIRA; RODAS. *Direito e economia da concorrência*, p. 216-218.

[190] Também nesse sentido, cf. ARAÚJO. *Resumo de direito econômico*, 2. ed., p. 99-100.

[191] Nesse sentido veja-se, por exemplo, PEREIRA DE SOUZA. Algumas considerações a respeito da responsabilidade dos administradores de instituições financeiras: a responsabilidade objetiva e a prova indicial. *Revista de Direito Bancário e do Mercado de Capitais*, v. 8, n. 29, p. 83-95.

Do ponto de vista penal, a responsabilidade das pessoas jurídicas já vem descrita no art. 173, §5º, da Constituição Federal, mas em face da inexistência de lei ordinária que regule tal responsabilidade penal, no concernente aos crimes praticados contra a ordem econômica, resta apenas a apuração da responsabilidade individual dos dirigentes da pessoa jurídica, nos termo da Lei nº 8.137/90, ou seja, não se admitindo responsabilidade objetiva (mera participação no quadro de dirigentes), mas exigindo-se a participação dos mesmos nos fatos tipificados na lei.[192]

Já afirmamos que, teoricamente, as práticas restritivas da concorrência podem ser classificadas em unilaterais (quando se trate de uma única empresa) ou coordenadas (atuação de um conjunto de empresas de forma coordenada); bem como, em horizontais (quando afetam os concorrentes de um mesmo mercado) ou verticais (quando envolvem diferentes mercados de uma mesma cadeia produtiva em relações de fornecedor-produtor-consumidor).

A doutrina, ao estudar as infrações à ordem econômica, utiliza-se de tais classificações para enquadrar as condutas agora descritas no §3º, do art. 36, da Lei nº 12.529/11. João Grandino Rodas,[193] por exemplo, estabelecia, relativamente à legislação anterior, um quadro classificatório, que pode ser adaptado à *novel* legislação da seguinte forma:

Art. 36, §3°	Horizontal	Vertical	Horizontal e Vertical
Unilateral	XV	VI e XVIII	
Coordenada	I	VIII	
Unilateral e Coordenada	XVII e XIX	V, IX, X, XI, XII	II, III, IV, VII, XII, XIV, XVI

Observe-se que a Lei nº 12.529/11 extinguiu a previsão delitiva das condutas anteriormente descritas nos incisos XVII, XIX, XX e XXIV do art. 21 da Lei nº 8.884/94, enquanto incorporou nas alíneas "c" e "d", respectivamente, do §3º aqui discutido, os delitos previstos nos incisos III e VIII do dispositivo anterior, e inovou ao criar o tipo delitivo previsto no inciso XIX do atual dispositivo legal (exercício ou exploração abusiva de direitos de propriedade intelectual, industrial, tecnologia ou marca).

---

[192] No mesmo sentido, cf. OLIVEIRA; RODAS. *Direito e economia da concorrência*, p. 364-365.

[193] *In*: OLIVEIRA; RODAS. *Direito e economia da concorrência*, p. 34-39.

Deve-se considerar, contudo, a exemplo do que já mencionamos quando tratamos do Sistema Financeiro Nacional e do art. 44 da Lei nº 4.595/64, que a análise do art. 36 conduz a verificação de que também no sistema antitruste brasileiro aplica-se um princípio de tipicidade menos rígido que aquele aplicável no âmbito do direito penal, o qual se costuma denominar de "princípio da tipicidade elástica", "tipicidade aberta" ou mesmo da "atipicidade", *segundo o qual se pune a conduta que produz os efeitos que a legislação buscava coibir, independentemente da completa descrição da conduta pela norma tipificadora.* Nesse sentido, o art. 36 da Lei nº 12.529/11, em seus incisos, veicula regra segundo a qual quaisquer atos que possam produzir os efeitos de: *prejuízo à livre concorrência ou livre iniciativa, dominação de mercado relevante, aumento arbitrário de lucros* ou *exercício abusivo de posição dominante*, constituem infração à ordem econômica.[194] Percebe-se, de pronto, serem essas mesmas condutas as que materializam o abuso de poder econômico, conforme previsto no §4º do art. 173 da Constituição Federal.

Assim, a *caracterização do ilícito depende do estabelecimento de nexo causal entre a conduta e o efeito*, sem que se estabeleça um rol fechado de condutas, uma vez que é o próprio art. 36, que, em seu §3º, ao indicar algumas dessas condutas, expressamente consigna que outras condutas, mesmo que ali não previstas, podem caracterizar infração à ordem econômica.

Por outro lado, a caracterização da infração independe de prova da culpa do agente ou da efetiva realização dos efeitos que se pretende coibir (bastando ser a conduta potencialmente apta a produzir tais efeitos), conforme também expressamente previsto pelo art. 36.[195]

---

[194] Art. 36. Constituem infração da ordem econômica, independentemente de culpa, os atos sob qualquer forma manifestados, que tenham por objeto ou possam produzir os seguintes efeitos, ainda que não sejam alcançados:
I - limitar, falsear ou de qualquer forma prejudicar a livre concorrência ou a livre iniciativa;
II - dominar mercado relevante de bens ou serviços;
III - aumentar arbitrariamente os lucros; e
IV - exercer de forma abusiva posição dominante.
§1º A conquista de mercado resultante de processo natural fundado na maior eficiência de agente econômico em relação a seus competidores não caracteriza o ilícito previsto no inciso II do *caput* deste artigo.
§2º Presume-se posição dominante sempre que uma empresa ou grupo de empresas for capaz de alterar unilateral ou coordenadamente as condições de mercado ou quando controlar 20% (vinte por cento) ou mais do mercado relevante, podendo este percentual ser alterado pelo CADE para setores específicos da economia.
[195] No mesmo sentido, cf. ARAÚJO. *Resumo de direito econômico*, 2. ed., p. 97-98, 100, 102-103.

Relativamente mais importante que verificarmos cada uma das condutas previstas no §3º, do art. 36, portanto, será *o estudo dos conceitos que envolvem os efeitos que o art. 36 busca coibir.*

Nesse contexto também se inclui o estudo dos artigos 88 a 91 da Lei que cuidam do controle de atos e contratos, uma vez que são estes mesmos efeitos que a lei busca evitar quando exerce o controle prévio de atos e contratos de concentração, na dicção do próprio art. 88, §5º.[196]

Assim, *prejuízo à livre concorrência ou livre iniciativa* não constitui dificuldade, em face de tudo que já foi dito quando analisamos tais conceitos no âmbito das disposições constitucionais pertinentes, sendo desnecessária e redundante a repetição de tais premissas.

As condutas mais relevantes concernentes a este conceito são aquelas previstas nos incisos I (alíneas "c" e "d") e II, do §3º do art. 36, indicativas da formação de cartel, o qual pode ser conceituado como o "acordo entre concorrentes com o objetivo de maximização conjunta de lucros".[197] Tais condutas, seguindo o que já afirmava a lei anterior, não impedem a celebração de termo de compromisso de cessação de prática, conforme a redação do art. 85.

De mesma forma, o *aumento arbitrário de lucros* está na origem de todos os preceitos reguladores das condutas contra a economia popular, tendo conexões com a Lei nº 8.137/90 (crimes econômicos) e a Lei nº 1.521/51 (crimes contra a economia popular), ademais dos dispositivos pertinentes do Código de Defesa do Consumidor.

Por outro lado, a *dominação de mercado relevante* implica, inicialmente, considerar-se que não existe ilícito se tal domínio for decorrente de processos naturais de maior eficiência de um agente econômico com relação a seus concorrentes, conforme previsto no art. 36, §1º, da Lei.

Mercado relevante é um conceito abstrato que se relaciona a dois critérios concomitantes: uma área geográfica de atuação econômica e um produto ou grupo de produtos com caráter de substituibilidade.[198]

Tanto assim que o CADE já considerou que o mercado relevante é o espaço da concorrência. Diz respeito aos diversos produtos ou serviços que concorrem entre si, em determinada área, em razão de sua substituibilidade naquela área. Sua definição se faz necessária, *in casu*, tanto em termos geográficos quanto em relação ao serviço.

---

[196] João Grandino Rodas, em sua obra, faz a completa exegese do art. 54 da Lei nº 8.884/94, plenamente aproveitável para o estudo do art. 88 da Lei nº 12.529/11. Cf. OLIVEIRA; RODAS. *Direito e economia da concorrência*, p. 187-194.

[197] No mesmo sentido, cf. OLIVEIRA; RODAS. *Direito e economia da concorrência*, p. 41; e ARAÚJO. *Resumo de direito econômico*, 2. ed., p. 105.

[198] No mesmo sentido, cf. ARAÚJO. *Resumo de direito econômico*, 2. ed., p. 101.

Por fim, o *exercício abusivo de posição dominante* também se relaciona com o conceito de mercado relevante, uma vez que o art. 36, §2º, da Lei, conceitua a posição dominante como o *controle de parcela substancial de um determinado mercado relevante*, presumindo-a quando tal parcela for da ordem de 20% (art. 36, §2º). No regime da Lei nº 8.884/94, o dispositivo correspondente ao agora discutido, o art. 20, §3º, claramente se identificava com o, então, art. 54, §3º, que estabelecia o mesmo percentual de mercado para análise dos atos de concentração,[199] inclusive encontrando regulação na Portaria nº 305, de 18.8.1999, do Ministério da Fazenda. Tal identificação direta não mais ocorre, em face da supressão do critério percentual para análise de atos de concentração pela Lei nº 12.529/11, conforme ainda veremos.

Tendo em vista tais considerações a respeito dos efeitos que a Lei busca coibir, inclusive em face de seu fundamento constitucional, a análise das condutas previstas nos incisos do §3º do art. 36, passa a ser direta, dispensando maiores comentários.

De fato, as mesmas somente obtém materialidade infracional na medida em que configurem hipótese prevista no *caput* do art. 36 e seus incisos, conforme a dicção do próprio §3º, do art. 36, ou seja, quando presentes os efeitos acima analisados, e, havendo tal materialidade, se classificam nas categorias aqui inicialmente citadas, de forma a possibilitar seu enquadramento nas penalidades previstas e a definição da dosimetria de tais penalidades, o que se faz por meio do competente processo administrativo sancionador, também previsto na Lei.

Relativamente às infrações ao direito concorrencial, e para finalizar, convém mencionar que as penalidades previstas para as mesmas também estão dispostas no Título V da Lei, em seu Capítulo III, o qual compreende os artigos 37 a 45. Os artigos 37 e 38 especificam as penalidades possíveis, enquanto os artigos 39 a 45 tratam dos casos de continuidade da infração, reincidência, obstrução e critérios de aplicação e dosimetria das penas.

As penalidades, propriamente ditas, hoje podem ser impostas isolada ou cumulativamente e se constituem em:

    a) *multas pecuniárias* – de 0,1% a 20% do faturamento bruto da empresa, grupo ou conglomerado, nunca inferior à vantagem auferida quando quantificável (art. 37, I); ou de 1% a 20 % do valor aplicável à empresa, no caso de punição do administrador (art. 37, III); ou, ainda, de cinquenta a dois bilhões de reais,

---

[199] No mesmo sentido, cf. OLIVEIRA; RODAS. *Direito e economia da concorrência*, p. 102.

nos casos em que não for possível a aplicação do critério de faturamento (art. 37, II); perceba-se que tais multas sofreram uma expressiva redução em seus percentuais de faturamento bruto, se comparadas com suas análogas previstas na Lei nº 8.884/94;[200] por outro lado, no regime anterior as mesmas eram aplicadas sobre a receita bruta, excluídos os impostos, o que diminuía a base de cálculo das mesmas, o que não acontece no atual regime legal e, por isso, mesmo não se cogita de "retroatividade benéfica";

b) *distintas obrigações de fazer ou de não fazer* – tais como publicações em jornais, proibições de contratar, licença compulsória de patentes, cisões, transferências de controle acionário, venda de ativos, ou *qualquer ato ou providência necessário à eliminação dos efeitos nocivos da infração cometida* (art. 38). Novamente aqui fica explícita a preocupação da Lei com os efeitos da conduta perpetrada e com a necessidade da reparação desses mesmos efeitos.

Assim, tais penalidades perfeitamente se enquadram no conceito traçado para a sanção administrativa no art. 68 da Lei nº 9.784/99.[201] [202]

3.3.3 A análise dos atos de concentração

Atendendo à conceituação de *mercado relevante* e considerando a importância que tal conceito tem na configuração das infrações antes comentadas, é o momento de verificarmos como se dá a análise dos atos de concentração que impactam os diversos e possíveis mercados relevantes.

De início deve ser consignado que a Lei nº 12.529/2011 operou uma clara redução no que se possa entender como "ato de concentração". De fato, no regime da Lei nº 8.884/94 o art. 54 da mesma considerava "ato de concentração" todos e quaisquer atos que visassem "a qualquer forma de concentração econômica, seja através de fusão ou

---

[200] Na redação da Lei nº 8.884 tais penalidades eram da ordem de 1 a 30% do faturamento bruto da empresa, sempre após a exclusão dos impostos, nunca inferior à vantagem auferida quando quantificável (art. 23, I); ou de 10% a 50 % do valor aplicável à empresa, no caso de punição do administrador (art. 23, II); ou, ainda, de seis mil a seis milhões de UFIR, nos casos em que não for possível a aplicação do critério de faturamento (art. 23, III).

[201] Art. 68. As sanções, a serem aplicadas por autoridade competente, terão natureza pecuniária ou consistirão em obrigação de fazer ou de não fazer, assegurado sempre o direito de defesa.

[202] No mesmo sentido, OLIVEIRA; RODAS. *Direito e economia da concorrência*, p. 220.

incorporação de empresas, constituição de sociedade para exercer o controle de empresas ou qualquer forma de agrupamento societário" e que, por conta disso, levassem potencialmente aos efeitos que a lei buscava coibir, reiterados no *caput* do próprio art. 54 (então previstos no art. 20 e, agora, expressos no art. 36 da atual lei).

No atual regime da Lei nº 12.529/2011, contudo, optou-se pela definição concreta dos atos de concentração que devem ser submetidos a controle do CADE, especificando no art. 90 as circunstâncias próprias de sua ocorrência e, expressamente, excluindo de tal conceito os consórcios de empresas formados com destino à participação em licitações da administração pública, direta ou indireta.[203]

Tomando em conta tal conceituação, devem ser submetidos ao CADE todo e qualquer ato de concentração econômica no qual, cumulativamente, pelo menos um dos grupos envolvidos tenha registrado, no último balanço, um faturamento bruto anual equivalente a 400 milhões de reais (art. 88, inciso I) e, pelo menos um outro dos grupos envolvidos tenha registrado, no último balanço, um faturamento bruto anual equivalente a 30 milhões de reais (art. 88, inciso II).

Percebe-se, de pronto, que o novo regime legal optou por critérios objetivos de análise de atos de concentração, ligados ao valor monetário das operações anuais dos grupos envolvidos, tendo por perspectiva a relevância das operações no cenário nacional, abandonando os percentuais de mercado relevante existentes no regime anterior, muitas vezes de difícil mensuração no caso a caso e que, eventualmente, determinavam a análise de atos de dimensão estritamente local e limitada.

Exatamente em face da perspectiva de relevância das operações no cenário nacional é que o §1º do art. 88 possibilita, inclusive, a revisão ou adequação (com relação a diferentes mercados relevantes) dos valores previstos nos incisos do mesmo dispositivo, por iniciativa conjunta ou independente do Plenário do CADE e dos Ministérios da Fazenda e da Justiça.

---

[203] Art. 90. Para os efeitos do art. 88 desta Lei, realiza-se um ato de concentração quando:
I - 2 (duas) ou mais empresas anteriormente independentes se fundem;
II - 1 (uma) ou mais empresas adquirem, direta ou indiretamente, por compra ou permuta de ações, quotas, títulos ou valores mobiliários conversíveis em ações, ou ativos, tangíveis ou intangíveis, por via contratual ou por qualquer outro meio ou forma, o controle ou partes de uma ou outras empresas;
III - 1 (uma) ou mais empresas incorporam outra ou outras empresas; ou
IV - 2 (duas) ou mais empresas celebram contrato associativo, consórcio ou joint venture.
Parágrafo único. Não serão considerados atos de concentração, para os efeitos do disposto no art. 88 desta Lei, os descritos no inciso IV do *caput*, quando destinados às licitações promovidas pela administração pública direta e indireta e aos contratos delas decorrentes.

Veja-se, porém, que o critério puramente objetivo de submissão dos atos de concentração não necessariamente se aplicará a todos os casos, uma vez que o §7º, do mesmo art. 88, prevê a possibilidade de que o próprio CADE requeira a submissão de atos de concentração não enquadrados no acima disposto, como "válvula de escape" para situações que, mesmo não alcançando os valores discriminados no dispositivo, em face de sua relevância social ou concorrencial, sejam submetidas ao órgão de controle da concorrência.

A modificação mais relevante, contudo, em relação ao regime legal anterior, é a expressa determinação (art. 88, §2º) no sentido de que o controle dos atos de concentração, agora, se dá de forma prévia e no prazo máximo de 240 dias, a contar do protocolo de petição ou de sua emenda.

Tal determinação tem um duplo objetivo:

1. Posicionar o sistema de defesa da concorrência nacional em linha com os mais avançados sistemas de defesa da concorrência mundiais, os quais tem a análise prévia por padrão; e

2. Enfrentar o problema mais criticado do sistema anterior, qual seja, a insegurança jurídica causada por análises excessivamente longas, durante as quais situações fáticas se consolidavam, mas sempre sob a possibilidade da determinação posterior de sua dissolução, em face da eventual não aprovação do ato.

Ambos objetivos são alcançados pela nova normativa, especialmente tendo em vista o conteúdo do §3º do art. 88, o qual impõe multa de 60 mil reais a 60 milhões de reais e nulidade dos atos não submetidos previamente,[204] sem prejuízo da abertura de eventual processo sancionador, caso configurada qualquer das infrações já discutidas anteriormente.

A discussão que se estabelece, contudo, é relativa ao momento no qual deve ser apresentada a petição de submissão do ato de concentração ao CADE. Efetivamente a nova lei não dispõe sobre tal momento, sendo de se concluir, pela análise conjunta dos parágrafos 2º e 3º aqui mencionados, que o único parâmetro para o mesmo é a *não consumação no ato de concentração*.

Desta feita, caberá aos grupos envolvidos na negociação do ato de concentração escolher o momento mais adequado à submissão do mesmo ao CADE, sempre cuidando para que em momento algum seja

---

[204] Tais penalidades também ocorriam no regime anterior, conforme observa ARAÚJO. *Resumo de direito econômico*, 2. ed., p. 106-108.

consumada qualquer parte de tal negociação, sob pena de incorrer no disposto no §3º antes referido, inclusive porque, na dicção do §4º do mesmo artigo, até a decisão final da operação "deverão ser preservadas as condições de concorrência entre as empresas envolvidas", sob pena de aplicação das sanções já mencionadas.

Tendo em vista o fato de que no Brasil adota-se o critério da *concorrência-instrumento*, conforme já mencionamos ao iniciar o estudo do direito concorrencial, submetido o ato de concentração ao CADE, o mesmo poderá ser objeto de autorização nos casos previstos pelo art. 88, §6º, ou seja, nos estritos limites necessários a atingir os seguintes objetivos:

1. Cumulada ou alternativamente: a) aumentar produtividade ou competitividade; b) melhorar da qualidade dos produtos ou serviços; ou c) propiciar eficiência e desenvolvimento tecnológico ou econômico (perceba-se que no tocante à essa primeira condição a Lei estabelece três possibilidades de seu cumprimento, ou seja, não é necessário que os três objetivos estejam presentes ou sejam alcançados pelo ato de concentração analisado, basta apenas um);[205]

2. Que sejam repassados aos consumidores parte relevante dos benefícios decorrentes.

Tal dispositivo, portanto, é a confirmação máxima da adoção, pelo SBDC, da metodologia da concorrência instrumento, uma vez que, em que pese a proibição de realização de atos de concentração que impliquem na ocorrência dos efeitos que a lei busca coibir, em especial o de eliminação da concorrência em parte substancial de um mercado relevante, conforme reiterado no §5º, do discutido art. 88, o próprio §5º ressalva a possibilidade de autorização de atos na forma do §6º, ou seja, que mesmo eliminando concorrência cheguem aos resultados previstos no §6º.

Veja-se, ainda, que aqui também opera uma integração perfeita da lei concorrencial com o Princípio da Ordem Econômica referente à defesa do consumidor (art. 170, V, da Constituição Federal), uma vez que se faz condição indispensável para a autorização dos atos de concentração que os benefícios decorrentes dos mesmos sejam repassados aos consumidores.

No regime da Lei nº 8.884/94 este seria o momento oportuno para discutirmos o Termo de Compromisso de Desempenho, instrumento

---

[205] No mesmo sentido, cf. OLIVEIRA; RODAS. *Direito e economia da concorrência*, p. 188.

CAPÍTULO 3
A LEI ANTITRUSTE NACIONAL | **117**

típico dos procedimentos de análise dos atos de concentração, então regulado no art. 58 da mencionada Lei nº 8.884,[206] dentro do Título VII, concernente às formas de controle, cuja função era *essencialmente preventiva*, ou seja, ocorria na ausência de processo administrativo sancionador.

Tal instrumento era relacionado ao controle dos atos e contratos, então previsto no art. 54, ou seja, *atos de concentração empresarial*, de forma que se estabeleciam metas a serem cumpridas pelas empresas em processo de análise de ato de concentração para garantir condições competitivas de mercado, inclusive em nível internacional, e estabilização dos níveis de emprego. A fiscalização se dava pela SDE e o seu descumprimento acarretava a revogação do ato de concentração e abertura do correspondente processo administrativo sancionador.[207]

Nesse sentido, tal instrumento, corroborava a comprovação da adoção do critério da *concorrência-instrumento* pelo sistema brasileiro, uma vez que estabelecia *metodologia por meio da qual eventual ato de concentração empresarial poderia ser efetivado sem que se vulnerasse o princípio da livre concorrência, em função da eventual preponderância dos demais princípios constitucionais da ordem econômica, tais como o pleno emprego ou a defesa do consumidor.*

Ocorre que, no regime da Lei nº 12.529/11 o Termo de Compromisso de Desempenho não restou contemplado, uma vez que o art. 92 da Lei, que correspondia à sua previsão, acabou por ser objeto de veto presidencial.

A nosso ver tal veto representou um retrocesso no sistema, uma vez que o instrumento previsto no art. 92 estava consolidado e, efetivamente, ao longo dos anos, proporcionou resultados eficientes no contexto da minoração dos eventuais efeitos deletérios dos atos de concentração autorizados.

---

[206] Art. 58. O Plenário do CADE definirá compromissos de desempenho para os interessados que submetam atos a exame na forma do art. 54, de modo a assegurar o cumprimento das condições estabelecidas no §1º do referido artigo.
§1º Na definição dos compromissos de desempenho será levado em consideração o grau de exposição do setor à competição internacional e as alterações no nível de emprego, dentre outras circunstâncias relevantes.
§2º Deverão constar dos compromissos de desempenho metas qualitativas ou quantitativas em prazos pré-definidos, cujo cumprimento será acompanhado pela SDE.
§3º O descumprimento injustificado do compromisso de desempenho implicará a revogação da aprovação do CADE, na forma do art. 55, e a abertura de processo administrativo para adoção das medidas cabíveis.

[207] No mesmo sentido, cf. OLIVEIRA; RODAS. *Direito e economia da concorrência*, p. 267-272.

Em face de tal veto restaria a questão sobre a possibilidade, ou não, de celebração de acordos com os mesmos objetivos do Termo de Compromisso de Desempenho, em que pese o fato da Lei nº 12.529/11 não trazer (em razão do veto) a arquitetura básica desse tipo de acordo. Tomando-se as competências do Tribunal e da Superintendência (art. 9º, V, e art. 13, X) vislumbra-se claramente a possibilidade de celebração de acordos, tanto no âmbito das análises de atos de concentração, como no âmbito dos processos administrativos sancionadores (do que são exemplos os Termos de Compromisso de Cessação de Prática e os Acordos de Leniência, os quais trataremos no futuro).

Desta feita, a expectativa é no sentido de que, apesar do veto ao art. 92 da Lei nº 12.529/11, acordos com os mesmos objetivos dos antigos Termos de Compromisso de Desempenho venham a ser celebrados e encontrem regulação infra-legal por meio de resoluções do CADE, ou mesmo por meio do Regimento Interno do CADE.

De forma a finalizar os dispositivos legais de análise dos atos de concentração, resta consignar que o art. 89 define que, para tais análises, se estabelecerá processo administrativo na forma do Capítulo II do Título VI da Lei, o qual estabelece duas possibilidades de procedimento, no âmbito da Superintendência Geral e no âmbito do Tribunal, o que significa dizer que, em face de determinadas características, um ato de concentração pode ser objeto de aprovação direta pela Superintendência Geral, somente vindo a ser revisto pelo Tribunal nas circunstâncias previstas no art. 91.

Diante de tais dispositivos, portanto, cabe verificarmos o processo administrativo no âmbito do CADE.

3.3.4 O processo administrativo no CADE

O Título VI da Lei nº 12.529/11, concernente às *diversas espécies de processo administrativo* no âmbito do Sistema Brasileiro de Defesa da Concorrência (SBDC), compreende sete capítulos, indo do artigos 48 a 87. No regime anterior, da Lei nº 8.884/94, as disposições de processo administrativo eram complementadas pela Portaria MJ nº 849/00 e pela Resolução CADE nº 20/99. No atual sistema, conforme se verifica em vários dispositivos (artigos 53, 83 e 85, §14) as normas complementares dependerão de resoluções do CADE e, com certeza, virão consolidadas em seu Regimento Interno.

Deve-se consignar anteriormente, contudo, que o art. 46 da Lei, concernente à prescrição no âmbito do CADE, regula tal instituto

CAPÍTULO 3
A LEI ANTITRUSTE NACIONAL | **119**

processual em consonância com o conteúdo normativo da Lei nº 9.873/99,[208] que estabeleceu prazos prescricionais relativamente a todos os processos administrativos de cunho sancionador no âmbito federal, guardando pequenas diferenças.

Nesse sentido, os prazos prescricionais aplicáveis também no âmbito do CADE são de cinco anos, no caso da prescrição ordinária, e de três anos, no caso da prescrição intercorrente. As hipóteses de interrupção dos mesmos são: o chamamento inicial do administrado ao processo, pela intimação ou citação; ou quaisquer atos de investigação que importem na apuração dos fatos.[209]

O art. 46 também prevê a suspensão dos prazos prescricionais durante a vigência do compromisso de cessação de prática, ou dos acordos de controle de concentração (§2º), bem como o fato de a prescrição reger-se pelo prazo penal, nos casos em que o fato objeto de ação punitiva administrativa também constituir-se crime (§3º).

Também é pertinente consignar que, em sendo o CADE um órgão judicante de caráter administrativo, os dispositivos da Lei nº 9.784/99 (Lei do Processo Administrativo Federal) são aplicáveis, também, de forma subsidiária, ao processo administrativo em seu âmbito,[210] conforme explicitamente consignado no art. 115 da Lei nº 12.529/2011. Nesse sentido são necessárias algumas considerações a respeito de tal normativo.

A Lei nº 9.784, de 29 de janeiro de 1999, veio a inovar no âmbito do processo administrativo federal, uma vez que estabeleceu o primeiro

---

[208] Com relação à prescrição administrativa e à mencionada lei, veja-se, também, PEREIRA DE SOUZA. Algumas considerações a respeito da competência do CRSFN. *Revista de Direito Bancário e do Mercado de Capitais*, v. 8, n. 30, p. 339-351, onde se traçam alguns parâmetros de interpretação de tal instituto no âmbito dos processos administrativos sancionadores.

[209] Art. 46. Prescrevem em 5 (cinco) anos as ações punitivas da administração pública federal, direta e indireta, objetivando apurar infrações da ordem econômica, contados da data da prática do ilícito ou, no caso de infração permanente ou continuada, do dia em que tiver cessada a prática do ilícito.
§1º Interrompe a prescrição qualquer ato administrativo ou judicial que tenha por objeto a apuração da infração contra a ordem econômica mencionada no *caput* deste artigo, bem como a notificação ou a intimação da investigada.
§2º Suspende-se a prescrição durante a vigência do compromisso de cessação ou do acordo em controle de concentrações.
§3º Incide a prescrição no procedimento administrativo paralisado por mais de 3 (três) anos, pendente de julgamento ou despacho, cujos autos serão arquivados de ofício ou mediante requerimento da parte interessada, sem prejuízo da apuração da responsabilidade funcional decorrente da paralisação, se for o caso.
§4º Quando o fato objeto da ação punitiva da administração também constituir crime, a prescrição reger-se-á pelo prazo previsto na lei penal.

[210] No mesmo sentido, cf. OLIVEIRA; RODAS. *Direito e economia da concorrência*, p. 176.

padrão procedimental para toda a Administração Pública Federal, padrão pautado pela proteção dos direitos dos administrados e ao melhor cumprimento dos fins da Administração, conforme estatuído em seu art. 1º.[211]

Assim, tomando-se já o art. 2º da citada Lei do Processo Administrativo,[212] vê-se que a mesma trouxe à luz uma série de princípios já constitucionalizados. Aparentemente tal fato apresenta-se como uma mera reprodução da Constituição, mas o seu alcance é muito maior.

Na verdade, é entendimento pacífico dentro da Administração a impossibilidade jurídica dos órgãos da própria Administração declararem a inconstitucionalidade de leis ou atos normativos aos quais estão sujeitos (veja-se que existem casos nos Conselhos de Contribuintes em que se declarou a inconstitucionalidade de leis ou regramentos tributários, os quais, em tese, poderiam ser contestados judicialmente pela Procuradoria-Geral da Fazenda Nacional — tal contestação, contudo, encontra-se suspensa temporariamente por decisão do Procurador Geral da Fazenda Nacional, justamente em face do entendimento dominante na Administração).

Nesse sentido, sempre que o administrado arguiu a violação aos princípios constitucionais, tais como ampla defesa, contraditório e segurança jurídica, a resposta da Administração foi a desconsideração de tais argumentos, remetendo necessariamente o administrado ao Poder Judiciário.

A Lei nº 9.784/99, ao trazer para o âmbito infraconstitucional tais princípios, propiciou ao administrado a possibilidade de arguir tais princípios sem reportar-se ao mandamento constitucional e, assim, obrigar a Administração a vencer seus argumentos, ou seja, demonstrar a não violação dos princípios agora "legais". Além disso, a mencionada lei trouxe muitos outros dispositivos que conferiram segurança jurídica

---

[211] Art. 1º Esta Lei estabelece normas básicas sobre o processo administrativo no âmbito da Administração Federal direta e indireta, visando, em especial, à proteção dos direitos dos administrados e ao melhor cumprimento dos fins da Administração.
§1º Os preceitos desta Lei também se aplicam aos órgãos dos Poderes Legislativo e Judiciário da União, quando no desempenho de função administrativa.
§2º Para os fins desta Lei, consideram-se:
I - órgão – a unidade de atuação integrante da estrutura da Administração direta e da estrutura da administração indireta;
II - entidade – a unidade de atuação dotada de personalidade jurídica;
III - autoridade – o servidor ou agente público dotado de poder de decisão.

[212] Art. 2º A Administração Pública obedecerá, dentre outros, aos princípios da legalidade, finalidade, motivação, razoabilidade, proporcionalidade, moralidade, ampla defesa, contraditório, segurança jurídica, interesse público e eficiência.

CAPÍTULO 3
A LEI ANTITRUSTE NACIONAL | 121

ao processo administrativo no âmbito federal, o que se reveste em garantia ao administrado e à Administração no tocante ao resultado útil de tal procedimento.

Nesse sentido, veja-se, por exemplo, a discussão a respeito do princípio da inocência e da eventual inversão do ônus da prova à luz o art. 36 da Lei nº 9.874/99, que dispõe:

> Art. 36. Cabe ao *interessado* a prova dos fatos que tenha alegado, sem prejuízo do dever atribuído ao órgão competente para a instrução e do disposto no art. 37 desta lei. (grifos nossos)

Fábio Medina Osório aborda com propriedade as questões que permeiam tal discussão, relativas à presunção de inocência e à presunção de legitimidade de provas acusatórias, a saber:

> Um dos problemas fundamentais que suscita o princípio da presunção de inocência é, sem dúvida, a questão da tensão entre a presunção de veracidade de determinados atos administrativos e seus efeitos nos direitos dos acusados em geral.
>
> A inocência se presume até certo ponto. Há circunstâncias — fáticas ou jurídicas — que podem inverter essa presunção, criando aos acusados uma necessidade de provar determinadas circunstâncias, fatos, situações. (...)
>
> Enfim, não se pode ignorar, mormente no âmbito do Direito Administrativo Sancionador, a importância da presunção de veracidade e legitimidade inerente a determinados documentos ou provas produzidas pela acusação. Não há um rol fechado ou exaustivo dessas provas, mas parece possível dizer que determinados atos administrativos, próprios à fase das investigações, possuem inegável e intenso valor probante, não sendo lícito ao intérprete invocar, genericamente, a presunção de inocência para derrubar a eficácia desses documentos. *O que pode o acusado fazer, isso sim, é produzir uma contraprova, uma prova defensiva que desmoralize a validade e a eficácia da prova acusatória.*[213] (grifos nossos)

Nesse passo, é importante ressaltar que a amplitude do direito de defesa não é idêntica nos processos penais e administrativos. Explica o já citado Fábio Medina Osório:

> (...) as distinções resultam da inserção da ampla defesa, ou dos direitos de defesa, no devido processo legal. Cada processo tem suas peculiaridades

---

[213] OSÓRIO. *Direito administrativo sancionador*, p. 358-363.

e disso depende, também, o alcance dos direitos de defesa. Impossível uma generalização absoluta e radical. O que a CF/88 consagra ou exige é uma amplitude mínima de defesa. O que o devido processo legal enseja é a variação dos graus dos direitos de defesa, desde um patamar mínimo até um estágio máximo, consoante os interesses que estejam em jogo, conforme as legítimas opções legislativas, a natureza das demandas, as regras fixadas pelas autoridades judiciárias ou administrativas e as oportunidades conferidas às partes, notadamente os acusados em geral.[214]

É que, no dizer do mesmo doutrinador, não se pode proceder a:

(...) uma leitura literal da norma constitucional consagradora do devido processo legal. O que realmente importa é verificar se a agressão a normas procedimentais ou processuais atinge, no fundo, direitos constitucionais, especialmente a razoabilidade do direito de defesa e mesmo do contraditório processual. É de garantias razoáveis que a norma constitucional cogita. É de uma ampla defesa razoável, racional, passível de um exercício compatível com o exercício de outros direitos, que o devido processo legal cuida.[215]

Para finalizar as considerações a respeito da Lei nº 9.784/99, deve-se consignar que o art. 69 de tal lei prescreve a continuidade da utilização dos procedimentos específicos previstos em lei própria,[216] relativamente a cada uma das projeções da Administração.

Ao mencionar *lei própria*, a única interpretação aceitável é aquela segundo a qual a Lei nº 9.874/99 se aplica subsidiariamente aos procedimentos regidos por *lei em sentido estrito*.[217] Exatamente nesse sentido o conteúdo normativo do já citado art. 115 da Lei nº 12.529/2011.

Retornando à Lei nº 12.529/2011, também com esta se traz ao âmbito da normativa legal uma série de princípios já constitucionalizados, especificamente os princípios constitucionais da ordem econômica, transcritos no art. 1º da mesma, já aqui mencionado.

---

[214] OSÓRIO. *Direito administrativo sancionador*, p. 397.

[215] OSÓRIO. *Direito administrativo sancionador*, p. 397.

[216] Art. 69. Os processos administrativos específicos continuarão a reger-se por lei própria, aplicando-se-lhes apenas subsidiariamente os preceitos desta Lei.

[217] A respeito de tal tema, e no âmbito dos processos administrativos desenvolvidos pelo BACEN, trava-se grande discussão a respeito da possibilidade, ou não, de equiparar-se a Resolução nº 1.065/86 (que rege internamente tais procedimentos) à lei em sentido estrito. A Resolução nº 1.065/86 faz a adequação ao devido processo legal do procedimento administrativo pertinente ao Sistema Financeiro Nacional, mas é norma de cunho hierárquico inferior à lei em sentido estrito, não podendo a ela ser equiparada, e *necessariamente deve obediência aos preceitos da Lei nº 9.874/99.*

Tal fato, portanto, abre também uma nova gama de defesas possíveis ao administrado e impele a Administração na busca de maior eficiência e justificação, ou fundamentação, nos seus procedimentos fiscalizatórios. Nesse sentido, o CADE tem normalmente discutido, quando arguido pelos Representados, cada um dos princípios constitucionais transcritos nos diplomas legais acima citados.

Desta feita, o Capítulo I do Título VI da Lei nº 12.529/2011, compreendendo os artigos 48 a 52, traz as disposições gerais aplicáveis a todos os processos no âmbito do CADE, os quais dividem-se nas seguintes modalidades (art. 48):

I - preparatório de inquérito administrativo para apuração de infrações (art. 66, parágrafos 2º, 3º e 10º);

II - inquérito administrativo para apuração de infrações à ordem econômica (artigos 66 a 68);

III - processo administrativo para imposição de sanções por infração (artigos 69 a 83);

IV - processo administrativo para análise de ato de concentração (artigos 53 a 65); e

V - processo administrativo para imposição de sanções processuais incidentais.

O procedimento preparatório de inquérito administrativo para apuração de infrações correspondente parcialmente às antigas *averiguações preliminares* à instauração do processo administrativo (artigos 30 e 31 da Lei nº 8.884/94), mas seu principal objetivo é verificar se a conduta sob análise enquadra-se nas matérias de competência do SBDC, dentro do prazo de 30 dias (art. 66, §3º).

Tal se dá por iniciativa própria da Superintendência Geral (art. 66, §2º) podendo ocorrer de forma sigilosa, quando do interesse da investigação, a critério da própria Superintendência (art. 66, §10º).

Por sua vez, o inquérito administrativo para apuração de infrações à ordem econômica (artigos 66 a 68), é um processo investigatório de natureza inquisitorial, mas que pode contar com a participação do representado ou indiciado (art. 66, §7º), para apuração efetiva da ocorrência de infração, no prazo de 180 dias, prorrogável por mais 60 dias (art. 66, §9º).

Também este procedimento se dá por iniciativa da Superintendência Geral (art. 66, *caput*) ou por representação escrita e fundamentada de qualquer interessado (art. 66, §1º), podendo ocorrer de forma sigilosa, quando do interesse da própria investigação, nos mesmos termos do procedimento preparatório, e podendo contar com o concurso do

Ministério Público e da autoridade policial, por solicitação da Superintendência (art. 66, §8º).

Na forma do art. 66, §6º, o inquérito administrativo também pode originar-se de representação de comissão do Congresso Nacional, ou de qualquer de suas casas, oportunidade na qual não se cogitará de procedimento preparatório, desde logo se instaurando o inquérito ou processo administrativo.

O art. 67 concede à Superintendência o prazo de 10 dias, ao finalizar-se o inquérito, para determinar a instauração do processo administrativo propriamente dito, caso haja indícios suficientes de autoria e materialidade de infração ao direito concorrencial, ou o arquivamento do feito.

Veja-se que, no âmbito do procedimento aqui discutido, não se menciona a possibilidade de recurso de ofício das decisões de arquivamento levadas a efeito pela Superintendência. Existe tal recurso de ofício, contudo, pela expressa disposição do art. 13, VII, concernente às competências da Superintendência.

No caso de arquivamento, de qualquer forma, pode o Tribunal, por provocação fundamentada de um Conselheiro que se torna prevento, avocar o procedimento, de forma a confirmar o arquivamento ou transformar o inquérito em processo administrativo (art. 67, parágrafos 1º e 2º).

Deve ser consignado, ainda, que o art. 68 determina a apuração de responsabilidade funcional, civil e criminal, pelo descumprimento imotivado dos prazos fixados.

Finalizado o procedimento inquisitorial e determinando a Superintendência (ou o Tribunal nos termos do art. 67, §1º, II) a instauração do processo administrativo para imposição de sanções por infração, passa-se a um procedimento de natureza contraditória perante o Tribunal, com garantia de ampla defesa, na dicção do art. 69 e necessária atuação do Ministério Público Federal (art. 20). Sua peça inaugural é a nota técnica que finaliza o inquérito.

Os artigos 70 e seguintes tratam dos prazos e procedimentos de instauração dos processos administrativos sancionadores, bem como dos instrumentos de prova admitidos no âmbito de tais processos. Aqui, sem dúvida, se aplicam as considerações trazidas a respeito da presunção de inocência e da presunção de legitimidade de provas acusatórias quando discutimos o art. 36 da Lei nº 9.874/99.

Também nesse contexto da instrução probatória, da mesma forma que durante o inquérito administrativo, se verifica a possibilidade de exercício da competência da Superintendência de, por meio da Procuradoria do CADE, requerer-se ao Judiciário a expedição de mandados de busca e apreensão de documentos ou objetos necessários à instrução do feito administrativo, com base no rito do art. 839 do Código de Processo Civil (relativo às medidas cautelares), sem a necessidade de propositura de ação principal (art. 13, VI, "d"). Tal possibilidade nada mais é do que um dos tipos de "decisão" que pode ser tomada no âmbito do CADE. Interessante verificar que o art. 80 da Lei determina que às decisões do Tribunal aplica-se o disposto na Lei nº 8.437/92, concernente ao descabimento de medidas liminares contra atos do Poder Público. Por sua vez o art. 81 consigna que, sendo descumprida a decisão do Tribunal, atuará a Procuradoria do CADE no sentido de alcançar a sua execução judicial. Nos termos do art. 93 todas as decisões do CADE são títulos executivos extrajudiciais.

A citada execução se dá através do rito da Lei nº 6.830/80 (Lei da Execução Fiscal), nos termos do art. 94, considerando ainda as disposições específicas dos artigos 95 a 101, relativas a: concessão de tutela específica para as obrigações de fazer e não fazer; conversão das obrigações em perdas e danos; garantia do juízo para suspensão da execução; foro de eleição do CADE na Justiça Federal; tutela liminar e preferência de julgamento.

Dentre tais possibilidades de execução não se afasta, inclusive, a intervenção judicial na empresa (art. 96), a qual encontra regramento específico nos artigos 102 a 111 da Lei nº 12.529/11.

Diga-se de passagem, tal instituto coaduna-se com as normas societárias que determinam o dever dos administradores de fazer a empresa realizar o seu objeto e cumprir a sua função social,[218] estabelecendo nítida conexão com o art. 170, II e III, da Constituição Federal.

É no âmbito do processo administrativo para imposição de sanções por infração regido pela Lei nº 12.529/11 que se desenvolvem dois instrumentos já tradicionais do SBDC, consagrados pelos anos de aplicação e pelo desenvolvimento do sistema construído sob a Lei nº 8.884/94, a saber, o Compromisso de Cessação de Prática, conhecido por TCC e o Programa de Leniência, a respeito dos quais discorreremos após a explanação dos cinco modelos de procedimento administrativo no âmbito do CADE.

---

[218] Veja-se, por exemplo, a Lei nº 6.404/74: "Art. 154. O administrador deve exercer as atribuições que a lei e o estatuto lhe conferem para lograr os fins e no interesse da companhia, satisfeitas as exigências do bem público e da função social da empresa".

A quarta modalidade de procedimento administrativo é relativa ao processo administrativo para análise de ato de concentração (artigos 53 a 65) que pode transcorrer exclusivamente na Superintendência Geral, mas também no Tribunal.

Conforme já dissemos ao cuidar da análise dos atos de concentração, a modificação mais relevante em relação ao regime legal anterior é a expressa determinação (art. 88, §2º) no sentido de que o controle dos atos de concentração, agora, se dá de forma prévia e no prazo máximo de 240 dias, a contar do protocolo de petição ou de sua emenda.

Nesse sentido, o art. 53 define os requisitos do pedido de aprovação do ato de concentração e determina a publicação de edital de comunicação do mesmo. O art. 54 define a possibilidade de conhecimento direto do pedido, com decisão terminativa da Superintendência, para os casos que dispensem diligências ou tenham menor potencial ofensivo à concorrência (no forma como isso vier a ser definido em resolução do CADE). No caso de necessidade de instrução complementar (art. 54, II), caberá à Superintendência verificar a satisfação da mesma, ou determinar seja refeita (art. 55), de forma a ter os elementos necessários à solução de mérito do caso.

Na forma do art. 56, por meio de decisão fundamentada, declarando a operação complexa, poderá a Superintendência solicitar a prorrogação do prazo anteriormente consignado e, uma vez completada toda a instrução, deverá pronunciar sua decisão, dentro de apenas 2 possibilidades: aprovação do ato sem restrição ou impugnação do mesmo perante o Tribunal, sugerindo sua rejeição, aprovação com restrições ou reanálise, em face da ausência de elementos conclusivos quanto aos seus efeitos no mercado (art. 57).

No caso de aprovação do ato de concentração pela Superintendência é possível recurso (no prazo de 15 dias) ao Tribunal, interposto por qualquer terceiro interessado, em especial aqueles constantes do art. 50, ou, nos mercados regulados, pela respectiva agência reguladora (art. 65). Nessa hipótese, ou por provocação de um dos Conselheiros (que fica prevento), estabelece-se um procedimento de análise no âmbito do Tribunal, suspendendo-se a execução do ato de concentração até decisão final (art. 65, §4º).

Por outro lado, nos casos de impugnação do ato pela Superintendência perante o Tribunal, o procedimento administrativo passa a desenvolver-se nos termos do art. 58 e seguintes, estabelecendo-se novo procedimento instrutório (art. 59, II), sendo que o Tribunal poderá, com relação ao ato de concentração, aprová-lo integralmente, rejeitá-lo, ou aprová-lo parcialmente (art. 61), nesses casos impondo as restrições

CAPÍTULO 3
A LEI ANTITRUSTE NACIONAL | 127

que entender necessárias à realização do mesmo, em especial aquelas previstas no §2º do art. 61, todas tendentes à minimização ou eliminação dos efeitos nocivos à ordem econômica, em consonância com a metodologia da "concorrência instrumento", a qual nos referimos no início da discussão da regulação concorrencial e na análise dos dispositivos pertinentes aos atos de concentração (art. 88).

Por fim, de forma a completar as modalidades de processo no âmbito do CADE, resta consignar que a Lei não se debruça, especificamente, sobre os processos administrativos para imposição de sanções processuais incidentais. Compreende-se que tais sanções sejam decorrentes do desenvolvimento das demais modalidades de processo e apenem situações em que tal desenvolvimento não se der em conformidade com os objetivos da Lei. De qualquer forma, tais possibilidades dependerão de regulação por meio de normativas internas do próprio CADE, em especial seu Regimento Interno.

3.3.5 Termo de Compromisso de Cessação de Prática e programa de leniência

Conforme já foi dito anteriormente, é no âmbito do processo administrativo para imposição de sanções por infração, regido pela Lei nº 12.529/11, que se desenvolvem dois instrumentos tradicionais do SBDC, denominados Compromisso de Cessação de Prática e Programa de Leniência.

O Termo de Compromisso de Cessação de Prática (TCC) vem regulado pelo art. 85 da Lei nº 12.529/11,[219] e sua regulação consolidou

---

[219] Art. 85. Nos procedimentos administrativos mencionados nos incisos I, II e III do art. 48 desta Lei, o CADE poderá tomar do representado compromisso de cessação da prática sob investigação ou dos seus efeitos lesivos, sempre que, em juízo de conveniência e oportunidade, devidamente fundamentado, entender que atende aos interesses protegidos por lei.
§1º Do termo de compromisso deverão constar os seguintes elementos:
I - a especificação das obrigações do representado no sentido de não praticar a conduta investigada ou seus efeitos lesivos, bem como obrigações que julgar cabíveis;
II - a fixação do valor da multa para o caso de descumprimento, total ou parcial, das obrigações compromissadas;
III - a fixação do valor da contribuição pecuniária ao Fundo de Defesa de Direitos Difusos quando cabível.
§2º Tratando-se da investigação da prática de infração relacionada ou decorrente das condutas previstas nos incisos I e II do §3º do art. 36 desta Lei, entre as obrigações a que se refere o inciso I do §1º deste artigo figurará, necessariamente, a obrigação de recolher ao Fundo de Defesa de Direitos Difusos um valor pecuniário que não poderá ser inferior ao mínimo previsto no art. 37 desta Lei.
§3º (VETADO).

a reforma que já havia sido implementada pela alteração de redação do antigo art. 53 da Lei nº 8.884/94, determinada pela Lei nº 11.482/07.

De pronto percebe-se que o Compromisso de Cessação de Prática, instrumento típico do processo administrativo sancionador, pode também ser celebrado durante os procedimentos anteriores à instalação do processo repressor (art. 85, *caput*), sempre a juízo de conveniência e oportunidade do CADE, no atendimento dos interesses protegidos pela Lei.

Cabe à Superintendência Geral a propositura do Termo de Compromisso de Cessação de Prática – TCC (art. 13, IX), cabendo, contudo, ao plenário do Tribunal a sua aprovação (art. 9º, V), o que importa na suspensão do processo administrativo, mas exclusivamente em relação àquele representado que celebrou o compromisso (parágrafos 9º e 10º).

No tocante ao momento de celebração de tal instrumento a Lei nº 12.529/11 implicou em retrocesso. No regime do antigo art. 53 da Lei nº 8.884/94, o TCC podia ser celebrado em qualquer fase do processo administrativo, mas *com um claro momento de preclusão de tal possibilidade*, concernente ao *início do julgamento da infração investigada* (§3º). Tal momento preclusivo também existia no projeto original da Lei nº 12.529/11, no respectivo §3º do art. 85 em questão, o qual foi objeto

---

§4º A proposta de termo de compromisso de cessação de prática somente poderá ser apresentada uma única vez.

§5º A proposta de termo de compromisso de cessação de prática poderá ter caráter confidencial.

§6º A apresentação de proposta de termo de compromisso de cessação de prática não suspende o andamento do processo administrativo.

§7º O termo de compromisso de cessação de prática terá caráter público, devendo o acordo ser publicado no sítio do CADE em 5 (cinco) dias após a sua celebração.

§8º O termo de compromisso de cessação de prática constitui título executivo extrajudicial.

§9º O processo administrativo ficará suspenso enquanto estiver sendo cumprido o compromisso e será arquivado ao término do prazo fixado, se atendidas todas as condições estabelecidas no termo.

§10. A suspensão do processo administrativo a que se refere o §9º deste artigo dar-se-á somente em relação ao representado que firmou o compromisso, seguindo o processo seu curso regular para os demais representados.

§11. Declarado o descumprimento do compromisso, o CADE aplicará as sanções nele previstas e determinará o prosseguimento do processo administrativo e as demais medidas administrativas e judiciais cabíveis para sua execução.

§12. As condições do termo de compromisso poderão ser alteradas pelo CADE se se comprovar sua excessiva onerosidade para o representado, desde que a alteração não acarrete prejuízo para terceiros ou para a coletividade.

§13. A proposta de celebração do compromisso de cessação de prática será indeferida quando a autoridade não chegar a um acordo com os representados quanto aos seus termos.

§14. O CADE definirá, em resolução, normas complementares sobre o termo de compromisso de cessação.

§15. Aplica-se o disposto no art. 50 desta Lei ao Compromisso de Cessação da Prática.

CAPÍTULO 3
A LEI ANTITRUSTE NACIONAL | 129

de veto, no sentido de ampliar-se as possibilidades de utilização do instrumento. Desta feita, retrocedeu-se ao mesmo regime anterior à reforma determinada pela Lei nº 11.482/07.

Por outro lado, seguindo-se a metodologia indicada pela Lei nº 11.482/07, continua a não se apresentar no texto do dispositivo legal a expressa negativa de que o termo de compromisso poderia representar confissão quanto à matéria de fato, ou reconhecimento da ilicitude da conduta analisada. A prática, porém, tem indicado que, independentemente da ausência de tal expressão no dispositivo legal, nos TCCs celebrados se mantém uma cláusula com conteúdo idêntico ao do dispositivo legal original da primeira redação da Lei nº 8.884/94.[220]

O Termo de Compromisso de Cessação de Prática sempre foi considerado pela doutrina, e ainda pode assim ser considerado, como um instrumento através do qual o sujeito passivo (pela Lei chamado de Representado) da aplicação da Lei, em face de sua conduta investigada como possível ato infracional, estabelece de comum acordo com o SBDC uma *metodologia de cessação de tal conduta, portanto um instrumento de composição de conflitos concorrenciais.* Contudo, conforme se verá, ocorrerão hipóteses em que tal configuração não se apresentará de maneira tão pacífica.

O art. 85 estabelece as obrigações do representado no sentido de fazer *cessar a prática investigada e também os seus efeitos, bem como outras obrigações que o CADE julgar cabíveis* (§1º, I). Ademais, determina-se a imposição de multa correspondente ao descumprimento do mesmo (§1º, II), sem, contudo, estabelecer os parâmetros de valoração de tal penalidade. No nosso entender, contudo, o dispositivo do art. 37, que estabelece as penalidades no âmbito do SBDC, por coerência lógica, deve ser o parâmetro de valoração de tal multa.

Ainda no âmbito das obrigações decorrentes do TCC expressas no art. 85, deve-se realizar a fixação do valor da contribuição pecuniária ao Fundo de Defesa de Direitos Difusos (FDD), quando cabível (§1º, III).[221]

---

[220] Veja-se, por exemplo, o TCC celebrado no Processo Administrativo nº 08012.008678/2007-98, com a Construtora Norberto Odebrecht S.A., em sua cláusula 1.4, disponível em: <http://www.cade.gov.br>.

[221] Conforme afirmou Luis Fernando Shuartz, Professor da FGV e ex-conselheiro do CADE, em entrevista concedida ao *CADE Informa*, na fixação de tal contribuição, nos primeiros TCCs relativos a cartéis, buscou-se "definir um critério geral para a determinação do valor de uma contribuição pecuniária que satisfizesse as exigências de 'conveniência' para a Administração, ou seja, capaz de dissuadir a compromissária e terceiros da prática de condutas concertadas (obviamente, mantendo-se o cuidado de não estabelecer um critério

Não fica absolutamente claro quando o recolhimento de tal contribuição é cabível, o que provavelmente será objeto de regulação pelo plenário do CADE, na forma do previsto no §14º, *excetuando-se os casos relativos às condutas caracterizadoras de formação de cartel.* Tais condutas, desde a reforma determinada pela Lei nº 11.482/07, não eram mais obstáculo à celebração do TCC (infrações previstas nos incisos I, II, do §3º, do art. 36),[222] *impondo em tais casos o recolhimento da mencionada contribuição pecuniária* ao Fundo de Defesa de Direitos Difusos.

Nesses casos, tal contribuição nunca será inferior aos valores das penas aplicáveis a tais condutas e previstas no art. 37 (art. 85, §2º). Serve de exemplo (sempre levando em consideração que a Lei nº 12.529/11 adotou a metodologia indicada anteriormente pela Lei nº 11.482/07), o fato de que, em 28.11.2007, em sua 411ª Sessão Ordinária de Julgamento, o CADE celebrou os primeiros TCCs relativos a processos onde se investigavam condutas de cartéis, estabelecendo os valores das contribuições ao FDD e as obrigações das empresas.[223]

---

geral que faça toda e qualquer negociação descambar para a imposição de condições que seriam mais gravosas para a representada do que as conseqüências decorrentes da própria aplicação da sanção)". Nesse sentido, segundo afirmou o ex-conselheiro, adotou-se o critério por ele sugerido concernente ao "uso do valor presente da sanção esperada (VPSE) como ponto focal para a fixação da contribuição a ser exigida pelo CADE, podendo esta, nos casos concretos, distanciar-se para mais ou para menos com respeito ao VPSE em função da assunção ou não, pela compromissária, de outras obrigações de interesse específico do Poder Público (por exemplo, confissão de culpa, colaboração efetiva com a SDE nas investigações contra as demais representadas, etc.), bem como do momento processual e da ordem de chegada para a propositura do acordo. Grosso modo, o VPSE é a média ponderada das sanções em abstrato mais plausíveis para o caso (por exemplo, 0%, 15% e 20% para cartéis *hard core*), com os pesos sendo fornecidos pelas probabilidades de sua ocorrência em concreto no âmbito do Poder Judiciário (i.e., supondo 100% de probabilidade de condenação no CADE e 100% de probabilidade de recurso ao Judiciário pela pessoa condenada). Ilustrativamente, um TCC sem reconhecimento de culpa e sem obrigação de colaboração efetiva com a SDE, mas com a previsão de um bom programa de prevenção de infrações e que seja proposto ao CADE logo no início do procedimento investigatório, deveria incluir o pagamento de uma contribuição pecuniária com valor 'suficientemente próximo' ao valor do VPSE para ser conveniente para a Administração Pública" (SHUARTZ. Entrevista. *CADE Informa*, n. 12, jan. 2008. Disponível em: <http://www.cade.gov.br/news/n012/entrevista.htm>. Acesso em: 5 jun. 2009).

[222] Infrações anteriormente previstas nos incisos I, II, III e VIII do art. 21 da Lei nº 8.884/94. Nesse sentido, cf. OLIVEIRA; RODAS. *Direito e economia da concorrência*, p. 273-276.

[223] Termos de Compromisso de Cessação de Condutas (TCC) firmados com as empresas Lafarge Brasil S.A., representada no processo administrativo 08012.011142/2006-79, e JBS S/A, anteriormente denominada Friboi Ltda., representada no processo administrativo 08012.002493/2005-16; a Lafarge compromete-se a implementar um programa de prevenção de infrações concorrenciais, a garantir aos servidores do CADE, da SEAE/MF e da SDE/MJ o acesso às dependências da empresa e a apresentar esclarecimentos técnicos sobre fabricação, armazenagem e comercialização de cimento e concreto no Brasil. Ficou também

Em tais casos, a nosso ver, em face da redação do art. 85, o termo de compromisso de cessação de prática pode implicar efetivamente em uma confissão do caráter ilícito da conduta caracterizadora de formação de cartel, bem como em sua penalização, servindo não somente como instrumento de composição de conflitos concorrenciais, mas também como instrumento de abreviação do processo administrativo sancionador.

Como já se disse acima, contudo, a prática tem determinado que os TCCs também nestes casos, seja por sua redação, retirando a carga de confissão, seja pelo critério de cálculo da contribuição, também possa ser considerado como um instrumento de composição de conflitos concorrenciais.

O termo de compromisso de cessação de prática pode ser alterado pelo CADE no decorrer de seu cumprimento quando verificada excessiva onerosidade ao representado, desde que não se incorra em risco para terceiros ou a coletividade (art. 85, §12º).

Ademais, o termo de compromisso de cessação de prática se constitui em título executivo extrajudicial ajuizável de imediato no caso de descumprimento (§8º e §11º), sendo possível a sua propositura de forma confidencial (§4º), mas sendo público a partir de sua celebração (§7º).

Por fim, art. 85, em seu §14º, entendeu explicitar a competência do CADE para o estabelecimento, por meio de resolução, da regulamentação mais detalhada do termo de compromisso de cessação de prática. Além disso, deixou claro que o TCC também se submete ao art. 50 da Lei, o qual prevê a possibilidade de intervenção de terceiros, em especial aqueles legitimados para a propositura de ação civil pública, nos termos da Lei nº 8.078/90.

Outro instrumento típico do processo administrativo sancionador é o Programa de Leniência, previsto no art. 86, ou seja, o acordo entre a acusação e o acusado no sentido de que este último colabore efetivamente com as investigações, no tocante à comprovação de sua materialidade e demais autores, com possibilidade de extinção da

---

estabelecido que a Lafarge fará uma contribuição no valor de R$43 milhões ao Fundo de Defesa dos Direitos Difusos (FDD), sendo que as s investigações promovidas pela SDE/MJ contras as demais empresas representadas no processo administrativo prosseguem normalmente; já o TCC firmado pela JBS prevê a realização de um programa de prevenção de condutas anticompetitivas e o recolhimento de uma contribuição pecuniária de R$13,7 milhões ao FDD. O administrador da Friboi, Sr. Wesley Mendonça Batista, e um funcionário do frigorífico, Sr. Artêmio Listoni, também celebraram TCC com o CADE. Ambos obrigaram-se ao recolhimento de contribuição ao FDD, no valor de R$1,37 milhão e R$6,3 mil, respectivamente. Informações colhidas no site: <http://www.cade.gov.br>.

SÉRGIO AUGUSTO G. PEREIRA DE SOUZA
PREMISSAS DE DIREITO ECONÔMICO

ação punitiva administrativa ou redução das penalidades de um a dois terços.[224]

Dentro da metodologia do CADE esse Programa tem sido, ao longo dos últimos anos, o principal instrumento de detecção e combate a cartéis.

Tal instrumento deve ser celebrado pelo CADE, por intermédio da Superintendência Geral, nas condições, termos e efeitos estabelecidos nos doze parágrafos do artigo em questão, sendo que o Tribunal (§4º), quando do julgamento do processo administrativo sancionador correspondente observará o cumprimento do mesmo para efeitos de dosimetria da pena, ou até a extinção da ação punitiva.

Por fim, o art. 87 estabelece regra segundo a qual, celebrado o acordo de *leniência* suspende-se o curso do prazo prescricional penal e impede-se o oferecimento de denúncia nos crimes contra a ordem econômica, previstos na Lei nº 8.137/90, extinguindo-se automaticamente a punibilidade penal dos autores das condutas que celebram o mencionado acordo, quando devidamente cumprido (parágrafo único).

Uma vez referenciados os demais dispositivos da Lei nº 12.529/11 no decorrer deste estudo, restam apenas as disposições finais e transitórias, artigos 113 a 128, que cuidam: da transição do sistema de mandatos de Conselheiros, que serão de dois anos, no caso das duas primeiras vacâncias, e de três anos para as duas vacâncias seguintes; da criação dos cargos para a nova estrutura administrativa e operacional; além da revogação e adequação de artigos de outros dispositivos legais.

Relevante, porém, ainda mencionar que o art. 119 excluiu da aplicação da Lei nº 12.529/11 os casos de *dumping* e subsídios incluídos nos acordos de implementação do art. 6º do GATT (Acordo Geral de Comércio e Tarifas Aduaneiras, de 1947).

Tal dispositivo, idêntico ao seu correlato da lei anterior, claramente indica o relacionamento do sistema de proteção da concorrência brasileiro com os demais sistemas internacionais e seu atendimento ao princípio constitucional da soberania (art. 170, I, da Constituição Federal), nos termos econômicos em que o mesmo já foi aqui discutido. Além disso, introduz o tema relativo à ordem econômica internacional e regional, que será objeto de nossas próximas considerações.

---

[224] No mesmo sentido, cf. OLIVEIRA; RODAS. *Direito e economia da concorrência*, p. 253 *et seq.*

CAPÍTULO 4

DIREITO ECONÔMICO INTERNACIONAL E REGIONAL

4.1 O contexto mundial

A ordem econômica internacional, desde um ponto de vista essencialmente teórico, pode ser descrita como um sistema de relações econômicas internacionais que existe *de facto* e *de jure* com um caráter global, com normas e regras nem sempre "formais", mas que envolvem aos Estados e outros sujeitos de Direito Internacional Público, além das empresas e organizações multinacionais e transnacionais.[225]

Pode afirmar-se que sempre houve uma ordem econômica internacional *de facto* subordinada às circunstâncias da política internacional de cada época, já que desde o início do estabelecimento de comunidades humanas ocorreram situações de intercâmbio público ou privado de bens e valores de conteúdo econômico.[226]

Não obstante, estas situações caracterizavam-se essencialmente por sua dimensão regional e eventual, o que as aparta da dimensão global e sistêmica que aqui se busca imprimir à caracterização da ordem econômica internacional. Esta dimensão global e sistêmica só surge depois do período das grandes navegações e da ampliação do mundo conhecido.

---

[225] SCHWARZENBERGER. *Economic world order?*: A basic problem of international economic law, p. 4.

[226] TANZI. El papel del estado y la calidad del sector publico. *Revista de la Cepal*, n. 71, p. 8.

O estabelecimento de relações econômicas não eventuais, primeiro entre as metrópoles e as colônias, depois entre as nações europeias e os novos Estados independentes da América envolveu os Estados e as empresas de forma sistemática e levou a configuração do que, pela primeira vez, se pode compreender como uma ordem econômica internacional *de facto* e que subsiste até hoje.[227]

A partir da configuração desta ordem econômica internacional *de facto* os Estados, então os principais sujeitos de Direito Internacional Público efetivamente reconhecidos,[228] começaram a estabelecer por meio de convênios e pactos essencialmente bilaterais uma rede de normas de convivência de conteúdo econômico dirigidas a seus próprios interesses que, ainda, não configurariam o elemento jurídico necessário ao estabelecimento de uma ordem econômica internacional *de jure*.

Somente a partir da Sociedade das Nações pode-se falar de uma ordem econômica *de jure*,[229] já que no período de existência da Sociedade (e conforme os artigos 16.3 e 23, "a" e "e", de seu Pacto) houve a tentativa de estabelecerem-se regras de aplicação multilateral com conteúdo econômico,[230] sem que houvesse um efetivo êxito.[231]

Uma efetiva ordem econômica internacional *de facto* e *de jure* somente se apresentou definitivamente com o surgimento da Organização das Nações Unidas (ONU), por meio dos dispositivos de conteúdo econômico presentes na Carta das Nações Unidas,[232] e seu desenvolvimento pelas Agências Especializadas e pelo Conselho Econômico e Social.[233]

Assim, a Carta da ONU estabeleceu como um de seus principais objetivos a promoção do desenvolvimento social e dos padrões de

---

[227] Schwarzemberger menciona como exemplo a *Pax Británica*, que envolvia a *city* de Londres (seu mercado financeiro) e a *Royal Navy* na oferta e garantia de empréstimos a outros países, como ocorreu com a Venezuela (1902) e também o "padrão ouro" de conversão de moedas que sobreviveu até os anos da década de 1970. SCHWARZENBERGER. *Economic world order?*: A basic problem of international economic law, p. 8.

[228] CARRILLO SALCEDO. *Soberanía de los estados y derechos humanos en derecho internacional contemporáneo*, 2. ed., p. 12. Também CARRILLO SALCEDO. *El derecho internacional en perspectiva histórica*, p. 39-44.

[229] O Pacto da Sociedade das Nações, firmado em Versalhes a 28 de junho de 1919, entrou em vigor em 10 de janeiro de 1920. CARRILLO SALCEDO. *El derecho internacional en perspectiva histórica*, p. 46.

[230] CARRILLO SALCEDO. *El derecho internacional en perspectiva histórica*, p. 58-59.

[231] Sobre esse período veja-se, também, SCHWARZENBERGER. *Economic world order?*: A basic problem of international economic law, p. 17-36.

[232] CARRILLO SALCEDO. *El derecho internacional en perspectiva histórica*, p. 77.

[233] SCHWARZENBERGER. *Economic world order?*: A basic problem of international economic law, p. 37.

vida, o que deveria ser logrado por meio da cooperação na solução dos problemas econômicos internacionais.[234]

O Capítulo IX da Carta reforça a necessidade desta mesma cooperação internacional em assuntos econômicos e sociais,[235] e o art. 55 estabelece que tal cooperação deve ocorrer sob os princípios de igualdade, autodeterminação dos povos e respeito aos direitos humanos.[236] Neste sentido se pode afirmar que a Carta da ONU traz as diretrizes que deveriam conduzir à ordem econômica internacional.[237]

O esforço da ONU em estabelecer a cooperação internacional em assuntos econômicos e sociais é realizada pela Assembleia Geral e pelo Conselho Econômico e Social (ECOSOC),[238] por meio do estabelecimento de estudos específicos, resoluções, recomendações, projetos de convênios e conferências internacionais,[239] que por fim configuram juridicamente a ordem econômica internacional, em que pese seus distintos níveis de obrigatoriedade.

Importante mencionar que, ademais de trazer as diretrizes que deveriam conduzir tal ordem econômica internacional, a ser estabelecida pela cooperação internacional em assuntos econômicos, a Carta da ONU foi o instrumento jurídico internacional a atribuir um valor universal aos direitos humanos, já que, pelas características que existentes antes do sistema criado pela ONU, o direito internacional público praticamente não se ocupava dos direitos humanos.[240] Assim, pode ser dito que foi a Carta da ONU que iniciou, no seio do Direito Internacional Público a efetiva positivação dos direitos humanos.[241]

---

[234] BEDJAOUI. *Hacia un nuevo orden económico internacional*, p. 51.

[235] No mesmo sentido, cf. MELLO. *Direito internacional da integração*, p. 13.

[236] Art. 55. Com o fim de criar condições de estabilidade e bem estar, necessárias às relações pacíficas e amistosas entre as Nações, baseadas no respeito ao princípio da igualdade de direitos e da autodeterminação dos povos, as Nações Unidas favorecerão:
a) níveis mais altos de vida, trabalho efetivo e condições de progresso e desenvolvimento econômico e social;
b) a solução dos problemas internacionais econômicos, sociais, sanitários e conexos; a cooperação internacional, de caráter cultural e educacional; e
c) o respeito universal e efetivo raça, sexo, língua ou religião.

[237] SCHWARZENBERGER. *Economic world order?*: A basic problem of international economic law, p. 38.

[238] CARRILLO SALCEDO. *El derecho internacional en perspectiva histórica*, p. 90.

[239] SCHWARZENBERGER. *Economic world order?*: A basic problem of international economic law, p. 38.

[240] CARRILLO SALCEDO. *Soberanía de los estados y derechos humanos en derecho internacional contemporáneo*, 2. ed., p. 29-30.

[241] Neste sentido, cf. LAFER. *Comércio, desarmamento, direitos humanos*: reflexões sobre uma experiência diplomática, p. 189.

Segundo a Carta, a ONU seria o instrumento adequado para "promover e estimular o respeito aos direitos humanos e às liberdades fundamentais para todos, sem distinção de raça, sexo, língua ou religião" (art. 1º, §3, Carta das Nações Unidas),[242] premissa esta que necessariamente informa ao objetivo de cooperação econômica estabelecido no já citado art. 55.[243]

Desta forma, passa a existir uma concepção de direitos iguais e inalienáveis comuns a todos os povos que, por trabalhar em conjunto com o citado art. 55 da Carta da ONU, necessariamente deveria integrar os princípios reitores da ordem econômica internacional estabelecida por meio da cooperação internacional em assuntos econômicos proposta na Carta e efetivada por meio dos Organismos Especializados da ONU.

Efetivamente, a respeito destes Organismos Especializados, o sistema da ONU também foi integrado pelas instituições financeiras internacionais surgidas dos acordos de *Bretton Woods*:[244] o Fundo Monetário Internacional (FMI), o Banco Mundial (BM) e, posteriormente, o sistema dos Acordos Gerais de Comércio e Aduana (GATT),[245] que atualmente evoluiu até a Organização Mundial de Comércio (OMC).[246]

Estas instituições, em especial as duas primeiras (FMI e BM), foram criadas com objetivos muito claros no sentido de estabelecerem-se as condições econômicas necessárias à reconstrução das nações vitimadas pela guerra que finalizava, sob os auspícios dos princípios regentes da ONU.[247]

Assim o desenvolvimento de suas atividades deveria conduzir ao desenvolvimento de uma ordem econômica internacional pautada nas diretrizes de cooperação internacional em assuntos econômicos e sociais,[248] nos princípios de igualdade e autodeterminação dos povos, e no absoluto respeito e proteção dos direitos humanos proclamados pela ONU, já que tais instituições corresponderiam, em termos técnicos

---

[242] DÍEZ DE VELASCO. *Instituciones de derecho internacional público*, p. 539.

[243] No mesmo sentido, ABELLÁN HONRUBIA. Algunas consideraciones sobre el nuevo orden económico internacional. *Revista de la Facultad de Derecho de la Universidad Complutense de Madrid*, n. 13, p. 214.

[244] CARRILLO SALCEDO. *El derecho internacional en perspectiva histórica*, p. 75.

[245] CARRILLO SALCEDO. *El derecho internacional en perspectiva histórica*, p. 75. No mesmo sentido, cf. AMARAL (Coord.). *Direito do comércio internacional*: aspectos fundamentais, p. 43-50.

[246] CARRILLO SALCEDO. *El derecho internacional en perspectiva histórica*, p. 90.

[247] STIGLITZ. *El malestar en la globalización*, p. 35.

[248] LAFER. *Comércio, desarmamento, direitos humanos*: reflexões sobre uma experiência diplomática, p. 28-29.

CAPÍTULO 4
DIREITO ECONÔMICO INTERNACIONAL E REGIONAL | 137

e econômicos, ao que corresponderia a esta última (ONU) em termos políticos,[249] e às mesmas se encarregaria a defesa da estabilidade econômica global, assim como à ONU se encarregou a defesa da estabilidade política global.[250]

O BM e o FMI, desde o início, buscaram insistentemente o estabelecimento da estabilidade econômica global e para isto desenvolveram sistemas de verificação, consultoria e financiamento às economias nacionais, as quais tinham por premissa as teorias de Keynes, no sentido de que a estabilidade se alcança por meio do pleno emprego,[251] o qual necessita de economias em expansão e de mercados que deveriam integrar-se de forma a fazer circular a riqueza, e consequentemente, fazer viável a estabilidade econômica e o desenvolvimento.[252] Tais teorias, deve-se dizer, se coadunam com os dispositivos constitucionais brasileiros que regem a nossa ordem econômica, conforme já assinalamos no momento próprio.

Logo, foi o ideal do liberalismo econômico do capitalismo ocidental, o qual já chamamos ao início deste trabalho de "capitalismo ponderado" que acabou por conduzir os trabalhos das instituições financeiras internacionais, o que para alguns já representava uma contradição interna do sistema da ONU.

Por fim, o enfoque excessivo destas instituições nas liberalizações dos mercados fez com que as ideias de pleno emprego e expansão econômica fossem substituídas pela desregulamentação dos fluxos de capitais e por políticas de contração econômica,[253] o que certamente representou uma contradição ainda maior do sistema interno da ONU, já que significou efetivos retrocessos na proteção e no desenvolvimento dos direitos humanos.[254]

O desenvolvimento das atividades destas instituições internacionais, aliado à crescente integração mundial impulsionada pelo surgimento de novas tecnologias, estabeleceu um processo irreversível de internacionalização das relações econômicas, financeiras, comerciais,

---

[249] CARRILLO SALCEDO. *El derecho internacional en perspectiva histórica*, p. 97.

[250] STIGLITZ. *El malestar en la globalización*, p. 37.

[251] Veja-se que o ideal de pleno emprego inclusive já estava citado no art. 55 da Carta da ONU, antes transcrito.

[252] Não obstante, para alcançar estes objetivos, Keynes propôs "(...) la intervención del Estado como necesario elemento corrector de las disfuncionalidades que se originan en el ciclo económico" (*In*: ARA PINILLA. *Las transformaciones de los derechos humanos*, p. 118). Conforme já vimos, também esse é um pressuposto da atuação estatal em nosso sistema constitucional.

[253] STIGLITZ. *El malestar en la globalización*, p. 37.

[254] STIGLITZ. *El malestar en la globalización*, p. 111.

tecnológicas, culturais e sociais, que convencionou-se denominar "mundialização" ou "globalização",[255] e que hoje domina e condiciona a "ordem internacional", seja econômica ou não.

A irreversibilidade de tal processo pode ser comprovada por alguns fatos históricos, como a queda do muro de Berlim, ao final da década de 1980, e a entrada da China na Organização Mundial do Comércio em 2001.

Portanto, a ordem econômica internacional hoje não prescinde da globalização,[256] e tanto é assim que, do ponto de vista econômico, são as instituições de *Bretton Woods* que governam a globalização.[257]

Enquanto se desenvolve, este mesmo processo de globalização deixa em aberto problemas que refletem o distanciamento das instituições de *Bretton Woods* dos ideais iniciais da Carta da ONU e a contradição interna do sistema da ONU já mencionada.[258]

Efetivamente, a ordem econômica internacional hoje padece de tantos problemas que, talvez, se pudesse chamá-la de "desordem econômica internacional",[259] e isto se incrementou ainda mais nos últimos 30 anos com o desenvolvimento imparável das atividades transnacionais.

Tendo tudo isso em conta, já há alguns anos se propõe mudanças na ordem econômica internacional e, também, a necessidade de mudanças na gestão do processo de globalização pelos organismos internacionais,[260] já que, supostamente, os princípios reitores desta ordem estabelecida a partir de 1945 sofreram uma clara degradação e resultam atualmente em paradigmas muito distintos.[261]

Este tipo de consideração se reforçou ainda mais a partir da década de oitenta e do estabelecimento do "Consenso de Washington",[262] que definitivamente incorporou como pilares da ordem econômica internacional o equilíbrio orçamentário, ou fiscal, por meio da austeridade fiscal; a liberalização dos mercados e dos fluxos de capitais; e

---

[255] STIGLITZ. *El malestar en la globalización*, p. 34. Também GÓIS. Direito internacional e globalização face às questões de direitos humanos. *Jus Navigandi*.

[256] CARRILLO SALCEDO. *Soberanía de los estados y derechos humanos en derecho internacional contemporáneo*, 2.ed., p. 20.

[257] Neste sentido, cf. STIGLITZ. *El malestar en la globalización*, p. 35.

[258] OCAMPO. Retomar la agenda del desarrollo. *Revista de la Cepal*, n. 74, p. 10.

[259] CARRILLO SALCEDO. *Soberanía de los estados y derechos humanos en derecho internacional contemporáneo*, 2. ed., p. 21-22.

[260] STIGLITZ. *El malestar en la globalización*, p. 11.

[261] ABELLÁN HONRUBIA. Algunas consideraciones sobre el nuevo orden económico internacional. *Revista de la Facultad de Derecho de la Universidad Complutense de Madrid*, n. 13, p. 217.

[262] STIGLITZ. *El malestar en la globalización*, p. 41.

CAPÍTULO 4
DIREITO ECONÔMICO INTERNACIONAL E REGIONAL | 139

a privatização das empresas estatais, como forma de diminuição da intervenção estatal na economia,[263] pilares aos quais o Brasil tem seguido religiosamente.

Tal fato definitivamente distanciou as instituições de *Bretton Woods* dos ideais de Keynes e, com certeza, das diretrizes da Carta da ONU que deveriam conduzir a ordem econômica internacional.[264]

Assim, o clamor por uma "nova ordem econômica internacional" se faz a partir da premissa da necessidade de resgatar-se as diretrizes da Carta da ONU,[265] com especial ênfase na promoção do "desenvolvimento social", um dos objetivos já estabelecidos pelo mencionado art. 55 da Carta, e com o qual a nossa ordem econômica constitucional encontra-se visceralmente vinculada.

Neste sentido celebrou-se a Cúpula Mundial de Desenvolvimento Social, em 1995,[266] o que determinou, do ponto de vista teórico, pelo menos, uma substancial mudança na visão da economia global e dos problemas por ela colocados, defendendo-se uma distinta integração dos esforços no sentido de combater os problemas que efetivamente tem um caráter transnacional, e no sentido de que o objetivo desta luta é exatamente o desenvolvimento social de toda a comunidade internacional.[267]

Por tanto, a dimensão do desenvolvimento buscada deve ser planetária, no sentido máximo do que deveria representar uma verdadeira globalização e isso necessariamente implicaria no estabelecimento de uma nova ordem econômica internacional, nos moldes já colocados pelas Nações Unidas,[268] ou seja, mais baseado no interesse comum da humanidade, em relações econômicas internacionais mais éticas e na solidariedade.[269]

Tendo em conta tais premissas, o processo de globalização possibilita incrementar a visão dos "bens públicos internacionais",[270] uma

---

[263] STIGLITZ. *El malestar en la globalización*, p. 81.

[264] STIGLITZ. *El malestar en la globalización*, p. 40.

[265] LAFER. *Comércio, desarmamento, direitos humanos*: reflexões sobre uma experiência diplomática, p. 193.

[266] CUMBRE MUNDIAL DE DESARROLLO SOCIAL. Documentos Oficiales de la ONU. Asamblea General. A/CONF.166/9, 1995.

[267] OTTONE. La cooperación en torno a un enfoque integrado del desarrollo. *In*: ESTUDIOS básicos de derechos humanos, v. 5, p. 149.

[268] BEDJAOUI. *Hacia un nuevo orden económico internacional*, p. 62-63.

[269] ABELLÁN HONRUBIA, Victória. Algunas consideraciones sobre el nuevo orden económico internacional. *Revista de la Facultad de Derecho de la Universidad Complutense de Madrid*, n. 13, p. 220.

[270] OCAMPO. Retomar la agenda del desarrollo. *Revista de la Cepal*, n. 74, p. 10.

vez que os distintos campos onde há impacto da atividade humana, como a ecologia, a pobreza, a economia ou a paz, estão atualmente inter-relacionados, representam facetas do desenvolvimento social planetário, e apresentam toda uma gama de novos problemas que efetivamente transcendem as fronteiras estatais e demandam enfrentamento por meio da cooperação internacional.[271]

Neste sentido, por exemplo, e mais especificamente no concernente aos temas de Direito Econômico aqui já tratados, afirma-se que a OMC teria uma função de garantidora de um bem público internacional, qual seja, a expansão do comércio e produção de bens e serviços, necessários ao desenvolvimento planetário.

Lafer defende tal postura, ao afirmar:

> A OMC, como sistema multilateral regido por normas, tem por *objetivo* promover interesses comuns através da expansão da produção e comércio de bens e serviços. Considera-se essa expansão um bem público internacional, não só pelo benefício que traz para a economia, como também pela relação positiva entre comércio e paz de que Kant falava em seu "Projeto de Paz Perpétua" (...). A OMC distingue-se das organizações de *Bretton Woods* — o FMI ou o Banco Mundial — que basicamente foram concebidos para administrar recursos além de terem funções regulatórias. Como apontou Peter Sutherland — o diretor-geral do GATT que levou a bom termo a Rodada Uruguai — o ativo da OMC não são os seus recursos mas as suas normas. Daí a importância da credibilidade *erga omnes* destas normas, sua aceitação e observância. Este tema é hoje dos mais significativos para a legitimação da OMC por conta das críticas ao processo de globalização, do seu potencial efeito marginalizante em relação aos países em desenvolvimento e do seu impacto sobre a taxa de emprego, vinculado aos requisitos de competitividade e à inovação tecnológica.[272]

Logo, não se pode, ainda, falar de uma "nova ordem econômica internacional" já estabelecida, enquanto que concomitantemente convive-se com a "desordem econômica internacional" comentada anteriormente, partindo-se de um ponto de vista essencialmente pragmático.

Não obstante, o qualificativo de "ordem econômica internacional", conforme teorizado nos primeiros parágrafos deste capítulo, é ainda aplicável ao sistema criado a partir de 1945 pela ONU e as

---

[271] STIGLITZ. *El malestar en la globalización*, p. 280.
[272] LAFER. *Comércio, desarmamento, direitos humanos*: reflexões sobre uma experiência diplomática, p. 38-39.

instituições de *Bretton Woods*, que ainda não foi substituído, já que efetivamente se configura como um sistema de relações econômicas internacionais *de facto* e *de jure* com caráter global, com normas e regras que envolvem aos Estados e outros sujeitos de direito internacional, além das empresas e organizações multinacionais e transnacionais.

Definidos, portanto, os parâmetros da ordem econômica internacional, importante perceber que também regionalmente se estabeleceram ordens econômicas parciais.

O primeiro exemplo disso foi o estabelecimento das Comunidades Europeias, a partir de 1957 com o Tratado de Roma que trouxe a consolidação da Comunidade Europeia do Carvão e do Aço (CECA); a criação da Comunidade Econômica Europeia (CEE); e a criação da Comunidade Europeia de Energia Atômica (CEEA).

Tais estruturas internacionais tinham claros objetivos de integração econômica e reguladora em setores específicos e acabou evoluindo para uma total integração econômica e monetária, com o atual formato da União Europeia, que inclusive transcendeu os aspectos do Direito Econômico regional para estabelecer novos conceitos de soberania e integração hoje discutidos no âmbito do Direito Internacional Público.

Para nós, contudo, mais importante é discutir alguns aspectos do direito econômico regional sul-americano, especialmente os fatores de integração da ordem econômica regional, estabelecida via Mercosul.

4.2 O contexto regional: Mercosul

4.2.1 Aspectos históricos

O Tratado de Assunção,[273] que instituiu o Mercosul, é a continuação de um processo histórico de integração latino-americana, consistindo em um tratado internacional cujo objetivo declarado é a criação de um mercado comum, para isso estabelecendo os procedimentos necessários, onde se revela seu caráter transitório, ou seja, ele demarca o trânsito do regime atual para o do mercado comum e deve ser alterado ao se cumprirem seus objetivos.[274]

---

[273] Assinado em 26.3.1990, aprovado pelo Congresso Nacional em 25.9.1991, promulgado pelo Decreto nº 350, de 21.11.1991. Entrou em vigor, internacionalmente, em 29.11.1991, com os depósitos de ratificações necessárias. São seus Estados-Membros: Argentina, Brasil, Paraguai e Uruguai.

[274] BAPTISTA. *O Mercosul, suas instituições e ordenamento jurídico*, p. 35-102, 115-145.

Suas origens mais remotas datam das tentativas de criação da União Aduaneira Brasil-Argentina, já em 1940, e da criação da Associação Latino-Americana de Livre Comércio (ALALC), pelo Tratado de Montevidéu, de 1960.

Suas origens próximas estão na criação da Associação Latino-Americana de Integração (ALADI), sucessora da ALALC, pelo Tratado de Montevidéu de 1980, e no Programa de Integração Econômica entre Brasil e Argentina (PICAB), de 1985. Tal programa viu-se complementado pelo Tratado de Integração Brasil-Argentina de 1988 e pelo Acordo de Complementação Econômica nº 14 (ACE 14).

Tanto é assim, que o próprio Tratado de Assunção incorpora-se no sistema de integração da ALADI, sendo inscrito na mesma como Acordo de Complementação Econômica nº 18 (ACE 18), sendo que tal inscrição foi aprovada pelo Conselho de Ministros da ALADI (Resolução nº 2).

O caráter transitório do Tratado revela-se em diversas de suas disposições (art. 9 e art. 18, as instituições criadas são provisórias e serão substituídas por outras a serem definidas; art. 8, prazo de vigência para determinadas regras do Tratado), bem como no corpo de seus preâmbulos e anexos, estes limitados em sua vigência ao período de transição, mas que são parte integrante do Tratado. Sem dúvida, contudo, tal caráter é decorrente do objetivo do Tratado, qual seja, estabelecer um mercado comum.

Nesse sentido, o Tratado baseia-se em dois eixos que caminham paralelamente e que são nitidamente vinculados ao Direito Econômico e, por isso mesmo, podem ser consideradas como nossas premissas iniciais de Direito Econômico Regional, a saber:

1. O das normas de promoção do comércio e do mercado comum (repartidas em três objetivos: o programa de liberação comercial, a coordenação das políticas econômicas e macroeconômicas, e a fixação da tarifa única);

2. O dos mecanismos institucionais, tendentes a fazer cumprir tais normas.

Assim, o Tratado previu duas etapas de implantação do Mercosul:

- *provisória* – na qual proceder-se-ia a uma integração progressiva, com instituições de caráter provisório;

- *definitiva* – na qual os principais problemas de implantação deveriam estar equacionados ou resolvidos, consolidando-se o processo através da implantação das estruturas definitivas (o que se pretendeu através do Protocolo de Ouro Preto, que integra e complementa o Tratado, sem substituí-lo).

CAPÍTULO 4
DIREITO ECONÔMICO INTERNACIONAL E REGIONAL | 143

4.2.2 A doutrina da integração econômica

Antes de adentrarmos às etapas do Mercosul, convém fazermos menção às etapas de integração consagrada pela doutrina. Qualquer integração econômica não se dá instantaneamente, devendo percorrer diversas etapas[275] às quais correspondem o estabelecimento dos seguintes conceitos:

1. *Zona de Livre Comércio (ZLC)* – consiste na livre circulação de mercadorias no seu interior, sem restrições quantitativas e sem imposição alfandegária; cada participante da ZLC, contudo, trata individualmente de seus interesses com terceiros países, o que impõe a criação de regras de origem, que permitem distinguir entre os produtos de dentro e de fora da ZLC, estes últimos sujeitos a impostos e eventuais restrições;

2. *União Aduaneira (UA)* – incorpora as características da ZLC acrescentando uma tarifa aduaneira comum, o que elimina a necessidade de determinar-se a origem dos produtos;

3. *Mercado comum* – acrescenta à livre circulação de mercadorias a livre circulação dos fatores de produção, exigindo a adoção de políticas comuns de forma a evitar as diferenças no interior da área abrangida que provocassem desigualdades indesejáveis;

4. *União econômica* – que representa a fusão de diferentes mercados nacionais num único, ultrapassando as características do mercado comum, uma vez que implica na igualdade de condições econômicas e sociais, além das liberdades de mercado; seria tratar o mercado como se fosse um país;

5. *União monetária* – que implica em uma moeda única, ou pelo menos em câmbios fixos e conversibilidade obrigatória das moedas dos países-membros.

Como já se disse acima, o objetivo do Mercosul é o estabelecimento de um mercado comum. Logo, verificaremos as etapas do Mercosul em face dos três primeiros conceitos aqui dispostos, uma vez que a união econômica e a monetária não são pretendidas pelos países-membros do Mercosul.

Conforme consignamos são previstas uma etapa provisória e uma definitiva para implantação do Mercosul. Em face da assinatura do Protocolo de Ouro Preto (1997), teoricamente, estaríamos na fase definitiva do Mercosul, já com um mercado comum em início de

---

[275] NIETO SOLÍS. *Fundamentos y políticas de la Unión Europea*, p. 18-21.

funcionamento. As condições políticas e econômicas, contudo, determinam uma realidade diferente, de forma que analisaremos o Mercosul em face dos conceitos acima expostos.

Pode-se dizer que o Mercosul superou com sucesso o conceito de ZLC. Nesse sentido, o Tratado de Assunção, em seu ANEXO II, estabeleceu o *Regime Geral de Origem*, regulamentado pela Decisão nº 6/94, que editou o *Regulamento de Origem Comum (ROC)*, considerando (regra geral com muitas exceções) que são originários da área interna da ZLC os produtos com índice mínimo de 60% de regionalização.

Tais produtos são dotados de *certificados de origem* que os acompanham e orientam na aplicação das tarifas previstas no Código Aduaneiro do Mercosul (Decisão nº 25/94), as quais progressivamente foram reduzidas, à taxa de 20% ao ano.

Por outro lado, a união aduaneira (UA) é um conceito em progresso no Mercosul, que teve início com a implantação da Decisão nº 7/94, que definiu a *Tarifa Externa Comum (TEC)*, também admitindo exceções que deveriam ser reduzidas progressivamente até o ano de 2001, mas que efetivamente ainda não se concluiu.

A TEC não corresponde a uma tarifa única, mas a um grande número de tarifas aplicadas de forma igual pelos membros do Mercosul em relação a nove mil itens da nomenclatura (produtos de importação).

O mercado comum, por fim, é ainda uma mera proposição vaga do art. 1º do Tratado de Assunção, o que demonstra que os membros do Mercosul ou não sabiam ou não desejaram determinar o desenho do mercado comum a que se aspira chegar, ao contrário do modelo europeu, que definiu seu mercado comum de modo claro e preciso, inclusive com os objetivos sociais a serem alcançados.

4.2.3 A natureza jurídica do Mercosul e sua estrutura

O Protocolo de Ouro Preto, de qualquer forma, fez o Mercosul ingressar em sua etapa definitiva ao alterar a sua natureza jurídica. De fato, na fase provisória o Mercosul era apenas um tratado que objetivava a futura criação de um mercado comum através da formação imediata de uma ZLC. Tratava-se de um acordo econômico voltado a questões aduaneiras.

O Protocolo de Ouro Preto, contudo, por seu art. 34, atribuiu *personalidade jurídica de direito internacional* ao Mercosul, atribuindo-lhe inclusive o poder de celebrar acordos para instalação de sedes (art. 36), e um orçamento próprio (art. 45), em sistema assemelhado ao das organizações internacionais tradicionais, por meio de contribuições dos Estados-Membros.

Tal sistema de contribuições, definido em partes iguais, tem por consequência prática a limitação do orçamento à capacidade dos membros menos providos de recursos, acentuando a igualdade entre os Estados-Membros e a ausência de supranacionalidade, assemelhando-o, ainda mais, às organizações internacionais tradicionais e afastando-o do modelo da Europa.

Assim, poderíamos classificar o Mercosul como organização internacional decorrente da vontade dos Estados, especial/econômica, de vocação regional e natureza fechada, no tocante à sua composição e regras de admissão (art. 20 do Tratado, as novas adesões devem ser objeto de decisão unânime dos Estados-Membros), dotada de poderes interestatais, tendo em vista que apenas coordena a autuação dos Estados-Membros de forma a ser estabelecido um futuro mercado comum.

Tendo em vista tal natureza jurídica e classificação, verifica-se que os órgãos do Mercosul são predominantemente deliberativos, ou seja, seus poderes de administração e normativo limitam-se, no geral, à própria organização.

Logo, não há o exercício de atividades supranacionais, apenas internacionais, que podem ser divididas em três categorias, que se reúnem em dois subsistemas, a saber:

a) *o subsistema normativo, administrativo e de controle interno,* que congrega as atividades de *representação* e *administração* do Mercosul, funcionando como canal de *normatividade,* criação de normas, que regem as relações no seu interior e tem por característica fundamental a regra da unanimidade;

b) *o subsistema de solução de disputas,* que congrega a atividade de resolução de divergências entre os participantes do Mercosul.

A solução de divergências no âmbito do Mercosul é cuidada no ANEXO III do Tratado de Assunção e pelo subsistema de solução de disputas estabelecido nos Protocolos de Brasília e Ouro Preto (complementarmente ao TA), tendo por fundamento principal que as questões existentes entre os Estados serão enfrentadas: primeiro por negociações diretas entre os litigantes, depois, em etapas sucessivas, pela atuação dos órgãos do outro subsistema (GMC e CMC) e, finalmente, pela atuação de Tribunal Arbitral do Mercosul.

Na forma do art. 8º do Protocolo de Brasília, os Estados-Membros, na qualidade de litigantes, reconhecem "como obrigatória, *ipso facto* e sem necessidade de acordo especial, a jurisdição do Tribunal Arbitral, que em cada caso se constitua para conhecer e resolver todas as controvérsias" referidas no mesmo protocolo.

Em que pese mencionarem-se apenas os Estados-Membros, as pessoas privadas também são acolhidas nesse subsistema, devendo, contudo, as reclamações ser encaminhadas pelos Estados-Membros, que as encampam, tornando-se litigantes.

Duas competências, portanto, são essenciais ao estabelecimento do subsistema: a *ratione personae*, ou seja, o subsistema somente se aplica aos membros do Mercosul; e a *ratione materiae*, ou seja, as questões submetidas serão analisadas e solucionadas tendo em vista as fontes jurídicas do Mercosul que, nos termos do art. 41 do Protocolo de Ouro Preto, são:

I - o Tratado de Assunção, seus protocolos e os instrumentos adicionais ou complementares;

II - os acordos celebrados no âmbito do Tratado de Assunção e seus protocolos;

III - as Decisões do Conselho do Mercado Comum, as Resoluções do Grupo do Mercado Comum e as Diretrizes da Comissão de Comércio do Mercosul, adotadas desde a entrada em vigor do Tratado de Assunção.

Tais competências, aliadas à regra geral do consenso (unanimidade), decorrem da opção pela cooperação como modo de operar a integração. O subsistema de solução de controvérsias foi, ainda, aprimorado pelo *Protocolo de Olivos* (assinado em 2002 em Olivos, Argentina, tendo entrado em vigor desde 2004), através do qual criou-se o Tribunal Permanente de Revisão (TPR), cujo objetivo é controlar a legalidade das decisões arbitrais e possibilitar que, em um estágio seguinte proceda-se à criação de uma corte permanente do Mercosul.

Na forma do *Protocolo de Olivos*, o Tribunal Permanente de Revisão (TPR) é formado por cinco árbitros, designado um por cada Estado Parte do Mercosul, por um período de dois anos, renovável por até duas vezes consecutivas. A escolha do quinto árbitro será feita por unanimidade, para um período de três anos, não renovável, salvo acordo em contrário.

O sistema de solução de controvérsias, portanto, permanece idêntico ao já descrito anteriormente, mas agora existe a possibilidade de recurso do laudo arbitral do Tribunal Arbitral ao Tribunal Permanente de Revisão (TPR), que será integrado por três de seus árbitros para a solução do caso (dois nacionais dos dois Estados Partes litigantes e o terceiro, que será o presidente, sorteado entre os demais árbitros que não sejam nacionais dos referidos Estados; a não ser em caso de controvérsia que envolva mais ao que dois Estados, quando o Tribunal contará com a totalidade de seus árbitros). As votações e deliberações seguirão o princípio majoritário e serão confidenciais. Os laudos do TPR possuirão força de coisa julgada. O TPR será sediado em Assunção mas poderá se reunir, em caso de necessidade devidamente justificada, em outras cidades do Mercosul.

Está previsto no Protocolo de Olivos que os árbitros supracitados deverão ser juristas de reconhecida competência e ter conhecimento do conjunto normativo do Mercosul. Deverão ser imparciais em relação à administração pública e sem interesse de qualquer natureza na controvérsia.[276]

Especificamente com relação aos temas de Direito Econômico aqui discutidos, em especial com relação ao direito concorrencial, necessário consignar a existência do Protocolo de Defesa da Concorrência, assinado em 17.12.96, o qual permite o regramento mínimo para a solução de controvérsias no âmbito do direito concorrencial e, naturalmente, se coaduna com os dispositivos constitucionais e infraconstitucionais brasileiros já anteriormente discutidos.

Vistas tais considerações em relação ao subsistema de solução de disputas, verifiquemos os principais órgãos do subsistema normativo, administrativo e de controle interno, a seguir:

4.2.3.1 O Conselho do Mercado Comum (CMC)

Previsto no art. 9 do Tratado de Assunção e nos artigos 3 a 9 do Protocolo de Ouro Preto, tem características político-diplomáticas, atuando na condução política e representação do Mercosul, sendo considerado órgão superior na "tomada de decisões para assegurar o cumprimento dos objetivos e prazos estabelecidos para a constituição do Mercado Comum" (art. 10, Tratado de Assunção).

Tais decisões, embora obriguem os Estados-Membros, devem ser executadas pelos respectivos órgãos nacionais (art. 38, Protocolo de Ouro Preto), incorporando-se a cada um dos sistemas jurídicos ou como novos acordos internacionais, ou como *executive acts* (atos executórios de natureza regulamentar/administrativa de um tratado internacional já ratificado). Nesse sentido, adota-se um típico sistema dualista que, mais uma vez, se afasta do sistema europeu de supranacionalidade.

---

[276] AMARAL JUNIOR. *Manual do candidato*: direito internacional.

4.2.3.2 O Grupo do Mercado Comum (GMC)

Previsto nos artigos 9 e 13 do Tratado de Assunção, como "órgão executivo do mercado comum", cujas funções estão previstas no art. 14 do Protocolo de Ouro Preto.

Tais funções se consubstanciam em atividades de apoio ao Conselho, tais como, propor projetos de decisão ao CMC; tomar providências necessárias ao cumprimento das decisões do CMC; fixar programas de trabalho que assegurem avanços no estabelecimento do mercado comum; criar, modificar ou extinguir órgãos (subgrupos de trabalho e reuniões especializadas); negociar, por delegação do CMC, acordos em nome do Mercosul; e administrar a organização, regulamentando suas atividades.

4.2.3.3 A Comissão de Comércio do Mercosul (CCM)

Originada da Decisão nº 9/94 e consolidada nos artigos 16 a 21 do Protocolo de Ouro Preto, é um órgão de capacidade decisória no âmbito das matérias de sua competência (art. 19, Protocolo de Ouro Preto), sendo guardiã dos instrumentos de política comercial e tendo atribuição de tomar as medidas relacionadas com a Tarifa Externa Comum (propositura de normas aduaneiras e comerciais, ou modificação destas, ao GMC), visando sua administração e aplicação uniforme, podendo estabelecer comitês técnicos que julgue necessários ao cumprimento de tais funções. A CCM é hierarquicamente sujeita ao GMC, ao qual reporta o estado das questões a seu cargo.

4.2.3.4 A Secretaria Administrativa do Mercosul (SAM)

Encontra-se fundada no art. 32 do Protocolo de Ouro Preto, sendo órgão de apoio operacional que presta serviços aos demais órgãos do Mercosul, em subordinação direta ao GMC, incluindo-se o arquivo, registro, divulgação e apoio logístico das reuniões do CMC, GMC e CCM.

Tal estrutura, por fim, se integra ao Direito Econômico brasileiro em face dos dispositivos constitucionais relativos ao princípio da soberania econômica (art. 170, I, do diploma constitucional) e, especialmente, a expressa previsão do art. 4º, I, da Carta Magna segundo a qual essa mesma soberania econômica deve nortear as relações internacionais do Estado nacional, inclusive na busca da integração dos povos latino americanos.

REFERÊNCIAS

ABELLÁN HONRUBIA, Victória. Algunas consideraciones sobre el nuevo orden económico internacional. *Revista de la Facultad de Derecho de la Universidad Complutense de Madrid*, n. 13, p. 213-247, 1987.

ACCIOLY, Hildebrando; SILVA, Geraldo Eulálio do Nascimento e. *Manual de direito internacional público*. 13. ed. São Paulo: Saraiva, 1998.

AMARAL JUNIOR, Alberto do. *Manual do candidato*: direito internacional. 2. ed. ampl. atual. Brasília: FUNAG, 2005.

AMARAL, Antonio Carlos Rodrigues do (Coord.). *Direito do comércio internacional*: aspectos fundamentais. São Paulo: Aduaneiras; LEX, 2004.

ARA PINILLA, Ignacio. *Las transformaciones de los derechos humanos*. Madrid: Tecnos, 1990.

ARAÚJO, Eugênio Rosa de. *Resumo de direito econômico*. 2. ed. rev. e atual. Niterói: Ímpetus, 2007.

ASSOCIAÇÃO NACIONAL DAS INSTITUIÇÕES DO MERCADO FINANCEIRO – ANDIMA. *Brasil para investidores estrangeiros*. Rio de Janeiro: ANDIMA, 2007. (Guia ANDIMA). Disponível em: <https://br.credit-suisse.com/lib/pdf/andima/PT_Guia_Andima_Nov2007.pdf>. Acesso em: 12 jun. 2012.

ATALIBA, Geraldo. *Apontamentos de ciência das finanças, direito financeiro e tributário*. São Paulo: Revista dos Tribunais, 1969.

BANCO CENTRAL DO BRASIL – BCB. *Economia bancária e crédito*: Avaliação de 3 anos do projeto Juros e *Spread* Bancário. Brasília: BCB, 2002. Disponível em: <http://www.bcb.gov.br/?SPREAD>. Acesso em: 12 jun. 2012.

BAPTISTA, Luiz Olavo. *O Mercosul, suas instituições e ordenamento jurídico*. São Paulo: LTr, 1998.

BASTOS, Celso Ribeiro; MARTINS, Ives Gandra da Silva. *Comentários à Constituição do Brasil*: promulgada em 5 de outubro de 1988. 2. ed. São Paulo: Saraiva, 2000. v. 7. Arts. 170 a 192.

BEDJAOUI, Mohammed. *Hacia un nuevo orden económico internacional*. Paris: Unesco; Salamanca: Sígueme, 1979.

CARRILLO SALCEDO, Juan Antonio. *El derecho internacional en perspectiva histórica*. Madrid: Tecnos, 1991.

CARRILLO SALCEDO, Juan Antonio. Soberanía de los estados y derechos humanos en derecho internacional contemporáneo. 2. ed. Madrid: Tecnos, 2001.

CARTA das Nações Unidas. Nações Unidas do Brasil. Disponível em: <http://unicrio.org.br/img/CartadaONU_VersoInternet.pdf>. Acesso em: 12 jun. 2012.

CHIMENTI, Ricardo Cunha *et al. Curso de direito constitucional*: de acordo com as emendas constitucionais n. 50/2006 e 51/2006 e o projeto de emenda da verticalização eleitoral. 3. ed. São Paulo: Saraiva, 2006.

COELHO, Fábio Ulhoa. *Manual de direito comercial*. 9. ed. rev. e atual. São Paulo: Saraiva, 1997.

COSTA, Achyles Barcelos da. Organização industrial, mercados contestáveis e política pública. *Texto Didático n. 5*, UFRGS – Departamento de Economia, maio 1995. Disponível em: <http://www.ufrgs.br/decon/publionline/textosdidaticos/Textodid05.pdf>. Acesso em: 12 jun. 2012.

COVAS, Silvânio; CARDINALI, Adriana Laporta. *O Conselho de Recursos do Sistema Financeiro Nacional*: atribuições e jurisprudência. São Paulo: Quartier Latin, 2008.

DALLARI, Dalmo de Abreu. *Elementos de teoria geral do Estado*. 10. ed. São Paulo: Saraiva, 1983.

DELGADO, José Augusto. O sigilo bancário no ordenamento jurídico brasileiro. *In*: COLOQUIO INTERNACIONAL DE DERECHO TRIBUTARIO, 3. Buenos Aires: La Ley, 2001.

DI PIETRO, Maria Sylvia Zanella. *Direito administrativo*. 7. ed. São Paulo: Atlas, 1996.

DÍEZ DE VELASCO, Manuel. *Instituciones de derecho internacional público*. 12. ed. Madrid: Tecnos, 1999.

FERREIRA, Luiz Pinto. *Comentários à Constituição brasileira*. São Paulo: Saraiva, 1994. v. 6. Arts. 163 a 192.

FONSECA, João Bosco Leopoldino da. *Direito econômico*. 5. ed. rev. e atual. Rio de Janeiro: Forense, 2004.

GODOY, Luciano de Souza. *Direito agrário constitucional*: o regime da propriedade. São Paulo: Atlas, 1998.

GÓIS, Ancelmo César Lins de. Direito internacional e globalização face às questões de direitos humanos. *Jus Navigandi*, Teresina, ano 5, n. 45, 1 set. 2000. Disponível em: <http://jus.com.br/revista/texto/1607>. Acesso em: 12 jun. 2012.

GOUVEIA, Humberto. *Limites à atividade tributária e o desenvolvimento nacional*: dignidade da pessoa humana e capacidade contributiva. 2006. Dissertação (Mestrado) – Universidade Metropolitana de Santos, Santos, 2006.

GRAU, Eros Roberto. *A ordem econômica na Constituição de 1988*: interpretação e crítica. 3. ed. São Paulo: Malheiros, 1997.

GRAU, Eros Roberto. *Elementos de direito econômico*. São Paulo: Revista dos Tribunais, 1981.

GRINOVER, Ada Pellegrini *et al. Código brasileiro de defesa do consumidor*: comentado pelos autores do anteprojeto. Rio de Janeiro: Forense Universitária, 1991.

HUNT, E. K.; SHERMAN, Howard J. *História do pensamento econômico*. Tradução de Jaime Larry Benchimol. 3. ed. Petrópolis: Vozes, 1982.

LAFER, Celso. *Comércio, desarmamento, direitos humanos*: reflexões sobre uma experiência diplomática. São Paulo: Paz e Terra, 1999.

MARQUES, Carlos Alexandre. A natureza do pedido de quebra de sigilo bancário e fiscal e alguns comentários práticos da atuação do Ministério Público. *Revista do Ministério Público do Estado de Goiás*, Goiânia, v. 2, n. 3, 1998.

MEDAUAR, Odete. *Direito administrativo moderno*. São Paulo: Revista dos Tribunais, 1996.

MEIRELLES, Hely Lopes. *Direito administrativo brasileiro*. 16. ed. atual. São Paulo: Revista dos Tribunais, 1991.

MELLO, Celso Duvivier de Albuquerque. *Direito internacional da integração*. Rio de Janeiro: Renovar, 1996.

NIETO SOLÍS, José Antonio. *Fundamentos y políticas de la Unión Europea*. Madrid: Siglo XXI, 1995.

OCAMPO, José Antonio. Retomar la agenda del desarrollo. *Revista de la Cepal*, n. 74, p. 7-19, ago. 2001.

OLIVEIRA, Gesner; RODAS, João Grandino. *Direito e economia da concorrência*. Rio de Janeiro: Renovar, 2004.

OSÓRIO, Fábio Medina. *Direito administrativo sancionador*. São Paulo: Revista dos Tribunais, 2000.

OTTONE, Ernesto. La cooperación en torno a un enfoque integrado del desarrollo. *In*: ESTUDIOS básicos de derechos humanos. San José de Costa Rica: Instituto Interamericano de Derechos Humanos, 1996. (Serie Estudios de Derechos Humanos, v. 5).

PAULIN, Luiz Alfredo. Conceito de falta grave e alcance das disposições do art. 44, §4º da Lei nº 4.595/64. *Revista de Direito Bancário, do Mercado de Capitais e da Arbitragem*, v. 3, n. 10, p. 56-67, out./dez. 2000.

PEREIRA DE SOUZA, Sérgio Augusto Guedes. Algumas considerações a respeito da responsabilidade dos administradores de instituições financeiras: a responsabilidade objetiva e a prova indicial. *Revista de Direito Bancário e do Mercado de Capitais*, v. 8, n. 29, p. 83-95, jul./set. 2005.

PEREIRA DE SOUZA, Sérgio Augusto Guedes. Algumas considerações a respeito da competência do CRSFN. *Revista de Direito Bancário e do Mercado de Capitais*, v. 8, n. 30, p. 339-351, out./dez. 2005.

REZEK, José Francisco. *Direito internacional público*: curso elementar. 8. ed. rev. e atual. São Paulo: Saraiva, 2000.

RIBEIRO, Johan Albino; SALASAR, William. O sistema protetivo dos clientes bancários: da não aplicação do Código de Defesa do Consumidor às atividades bancárias. *Revista de Direito Bancário e do Mercado de Capitais*, v. 9, n. 32, p. 111-126, abr./jun. 2006.

SCHWARZENBERGER, Georg. *Economic world order?*: A basic problem of international economic law. Manchester: Manchester University Press; Dobbs Ferry: Oceana, 1970.

SHUARTZ, Luis Fernando. Entrevista. *CADE Informa*, n. 12, jan. 2008. Disponível em: <http://www.cade.gov.br/news/n012/entrevista.htm>. Acesso em: 12 jun. 2012.

SILVA, Jose Afonso da. *Curso de direito constitucional positivo*. 13. ed. rev. e atual. nos termos da Reforma Constitucional. São Paulo: Malheiros, 1997.

STIGLITZ, Joseph E. *El malestar en la globalización*. Miami: Santillana, 2003.

TANZI, Vito. El papel del estado y la calidad del sector publico. *Revista de la Cepal*, n. 71, p. 7-22, ago. 2000.

ÍNDICE DE ASSUNTO

página

A
Amplitude subjetiva 100
Atividade econômica 67
- Exercício 70-77
- Exploração 70-77
- Participação necessária 71-73
Atos de concentração 113-118, 126
- Empresarial 117
Atuação estatal (economia) 65-87, 89, 91, 96
- Intervenção 78-87, 92
- Participação 66-77

B
Banco Central do Brasil
  (BACEN) 34-36, 50-52, 54, 55, 57, 58, 61, 62, 64, 122
- Registro FIRCE 34, 36
Banco Mundial (BM) 136, 137

C
Capital estrangeiro 33-37, 49
Capitalismo 14, 65, 66, 81, 137
Cartel 111, 131
Comissão de Valores Mobiliários
  (CVM) 61, 62
Competência legislativa 16, 72, 80
Concorrência
- Concorrência-fim 96
- Concorrência-instrumento 96, 116, 117
- Perfeita 75, 81, 92
- Práticas restritivas 97, 109
Conselho Administrativo de Defesa
  Econômica (CADE) 100-108

página

- Departamento de Estudos
  Econômicos 103, 106-108
- Processo administrativo 118-127
- - Prazos prescricionais 119
- Superintendência Geral 103, 105, 106, 128, 132
- Tribunal Administrativo de Defesa
  Econômica 103-105
Constituição econômica 18
Contribuição de Intervenção no Domínio
  Econômico (CIDE) 76

D
Defesa
- Do consumidor 26, 27, 53, 94, 95, 98, 116, 117
- Do meio ambiente 28, 29
Desapropriação 39, 44
- Sanção 40, 42, 46, 47
Desigualdades
- Redução 29, 30
Direito
- Concorrencial *ver* Direito da concorrência
- Da concorrência 91-97
- - Infrações 108-113
- Econômico 13-16, 30, 72, 140, 141
- - Internacional e Regional 133-148
- - - contexto mundial 133-141
- - - contexto regional 141-147
- Financeiro 14, 15
- Internacional Público 134, 135
Direitos humanos 135-137

E
Economia de escala 75
Empresa

página

- Brasileira 31
- Microempresa 32
- Nacional 99
- Pequena empresa 32
Empresas de pequeno porte 31, 32
Essential facilities 94, 95

F

Falhas de Estado 83, 93
Fiscalização 84
Free riding 82
Fundo Monetário Internacional
(FMI) 136, 137, 140

G

Globalização 138, 139

I

Imposto
- Predial e Territorial Urbana
(IPTU) 40
- Sobre Operações Financeiras
(IOF) 43
- Sobre Transmissão de Bens Intervivos
(ITBI) 43
Incentivo 85, 87
Infrações 57-59
Inquéritos administrativos 107, 124
Insider trading 61, 62
Integração econômica 143, 144
- Mercado comum 143
- União Aduaneira 143, 144
- União Econômica 143
- União Monetária 143
- Zona de Livre Comércio 143, 144
Instituição financeira 50, 51, 54-56

J

Juros 51-57

L

Lavagem de dinheiro............................ 62
Lei Antitruste Nacional 89-132
- Evolução legislativa 89-91
Lei bancária *ver* Sistema Financeiro
Nacional

página

Livre
- Concorrência 24-26, 79,
91, 92, 94, 96, 102, 111
- Iniciativa 17, 21-24, 66, 70,
73, 96, 111
Lucros 111

M

Mercado 65
- Falhas de mercado 81, 92
- Modelo de mercado
- - Contestável 92-94
- - Perfeitamente competitivo 92-94
ver também Concorrência, perfeita
- Relevante 111-113
Mercosul 141-147
- Estrutura 144-147
- - Comissão 148
- - Conselho 147
- - Grupo 148
- - Secretaria 148
- Natureza jurídica 144-147
Monopólio
- Estatal 73
- Natural 69, 74, 75
- Público 71, 73-77

O

Oligopólios 75, 93
Oligopsônio 75, 76
Ordem econômica 16-19, 30,
67, 85, 92, 98, 116, 138
- Constitucional 16, 17, 20, 24, 31
- Princípios 18-32
Organização das Nações Unidas
(ONU) 134, 137
- Carta da ONU 134-136, 139

P

Penalidades 112, 113
- Multas pecuniárias 112
- Obrigações de fazer ou de não
fazer 113
Política
- Agrária 41-49
- Urbana 37-41

ÍNDICE DE ASSUNTO | 155

página

Planejamento 84, 85
Pleno emprego 30
Princípio
- Atipicidade 59, 110
- Tipicidade cerrada 59
- Tipicidade elástica 60, 110
Processo administrativo 124-127
Programa de Leniência 125, 127,
131, 132
Propriedade
- Função social 21-24, 28, 38,
39, 45, 46, 73
- Privada 21-24, 35, 45, 66
- Rural 41, 42
Protocolo
- Brasília 145
- Olivos 146, 147
- Ouro Preto 144-146

R
Receita bruta 54-56
Reforma agrária 47
Regulação
- Concorrencial 78, 79, 92-94, 127
- Normativa 69
- Setorial 78-80, 82, 92

S
Segurança Nacional 72
Serviços públicos 67-70
- Concessão 68, 69
- Permissão 68
Sigilo bancário 63, 64
Sistema Brasileiro de Defesa da
Concorrência (SBDC) 90, 91,
98, 100-104, 107, 116,
118, 123, 125, 127, 129

página

Sistema Financeiro Nacional 49-64,
110
- Conselho de Recursos (CRSFN) 36,
62, 119
Soberania 19, 20, 33, 37, 48,
49, 86, 87, 132, 141
Spread 55
Sunk costs 93

T
Teoria da escolha pública 82, 83
- Captura do regulador 83
- Problema da agência 83
- *Rent seeking* 83
Teoria Econômica 81-83, 92, 94, 96
- Bem público 82
- Externalidades 82
- Informação assimétrica 81
- Poder de mercado 81
Termo de Compromisso
- De Cessação de Prática 118, 119,
125, 127-131
- De Desempenho 116-118
Trabalho humano 17, 18, 22, 29
Tratado de Assunção 141, 142,
144-148
Tribunal Permanente de Revisão
(TPR) 146

U
Usucapião
- Pró-labore 47
- Pró-moradia 40

ÍNDICE DA JURISPRUDÊNCIA

A

ADI nº 2.213-MC 45

ADIn nº 2.591/2001 52

AgRg no RE nº 400.479/RJ 56

D

Decisão nº 6/94 144

Decisão nº 7/94 144

Decisão nº 25/94 144

M

MS nº 23.006 45

P

Parecer PGFN/CAF nº 334/2001 51

Parecer PGFN/CAT nº 2.773/2007 56

Parecer PGFN/GAB nº 74/1994 63

R

RE nº 235.736 25

S

Súmula nº 379 53

Súmula nº 479 54

Súmula nº 596 51

Súmula nº 646 .... 25, 38

Súmula nº 668 40

ÍNDICE DA LEGISLAÇÃO

C

Código Civil (2002) 31, 32, 52, 53
Constituição (Brasil)
- De 1934 .... 17, 22, 89
- De 1937 89
- De 1946 90
- De 1967/1969 70,90
- De 1988 .... 17, 18, 20-26,
      28, 29, 33, 35, 37,40-42, 44-49,
      51, 57, 58, 60, 66, 67, 70-74,76, 78,
      80, 82, 84-87, 90, 99, 100, 102, 103,
      109, 110, 116, 125, 132, 142

D

Decreto-Lei nº 431/38 89
Decreto-Lei nº 869/38 89
Decreto-Lei nº 2.321/87 61
Decreto-Lei nº 7.666/45
  (Lei Malaia) 89
Decreto nº 1.935/96 .... 36, 62
Decreto nº 5.363/2005 .... 36, 62
Decreto nº 22.626/33
  (Lei da Usura) 52
Decreto nº 91.152/85 62

E

Emenda Constitucional nº 6/95 .... 31, 48
Emenda Constitucional nº 29/2000 40
Emenda Constitucional
  nº 40/2003 .... 49, 52

L

Lei Complementar nº 70/91 55
Lei Complementar nº 75/93 .... 107, 108
Lei Complementar nº 76/93 43

Lei Complementar nº 88/96 43
Lei Complementar nº 101/2000 64
Lei Complementar nº 105/2001 .... 63, 64
Lei Complementar nº 123,
  de 14.12.2006 32
Lei nº 1.521/51 (Crimes contra
  a economia popular) 111
Lei nº 4.131/62 .... 33, 35, 36
Lei nº 4.504/64 (Estatuto
  da Terra) 44, 46
Lei nº 4.595/64 ....50, 51, 57, 59,
      60, 63, 110
Lei nº 4.728/65 64
Lei nº 5.709/71 48
Lei nº 6.024/74 61
Lei nº 6.385/76 61
Lei nº 6.404/76 .... 59, 125
Lei nº 6.830/80 (Lei da
  Execução Fiscal) 125
Lei nº 6.978/95 25
Lei nº 7.492/86 .... 62, 64
Lei nº 8.078/90 (Código de Defesa
  do Consumidor) 26, 27, 52, 54,
      55, 100, 111, 131
Lei nº 8.137/90 (Crimes
  econômicos) 80, 90, 109, 111, 132
Lei nº 8.437/92 125
Lei nº 8.629/93 .... 42, 43, 45
Lei nº 8.884/94 ....26, 61, 79, 90,
      91, 97, 98, 100, 109, 111-113,
      116-118, 123, 125, 128-130
Lei nº 8.987/95 .... 68, 69
Lei nº 9.447/97 61
Lei nº 9.457/97 61
Lei nº 9.613/98 62
Lei nº 9.718/98 .... 54, 56

SÉRGIO AUGUSTO G. PEREIRA DE SOUZA
PREMISSAS DE DIREITO ECONÔMICO

página

Lei nº 9.784/99 ....62, 113, 119, 120, 122
Lei nº 10.198/2001 61
Lei nº 10.257/2001 (Estatuto da Cidade) 23, 38
Lei nº 11.101/2005 (Lei de Falências) 61
Lei nº 11.482/07 128-130
Lei nº 12.529/2011 (Nova Lei do CADE) 26, 27, 59, 61, 79, 80, 90, 91, 97-103, 107-114, 117-119, 122, 123, 125, 127, 128, 130, 132
Lei nº 12.683 63

página

P
Portaria MJ nº 849/00 118
Portaria nº 305, de 18.8.1999 112

R
Resolução do CADE nº 20, de 9.6.1999 .... 97, 118
Resolução nº 2.878 52
Resolução nº 2.892 .... 52, 54

ÍNDICE ONOMÁSTICO

página

A
Araújo, Eugênio Rosa de 102

B
Bastos, Celso Ribeiro 72
Buchanan, James 82

C
Costa, Achyles Barcelos 92,93

D
Di Pietro, Maria Sylvia Zanella 59

F
Ferreira, Luiz Pinto 46
Fonseca, João Bosco Leopoldino da 15,
26-28, 30, 32, 80, 96

G
Grau, Eros Roberto 14, 15, 20,
27, 49, 52, 53, 55, 60, 67, 70,
72, 73, 84, 85

K
Keynes, Jonh Maynard 30, 137, 139

página

L
Lafer, Celso 140

M
Medauar, Odete 59
Meirelles, Hely Lopes 69

N
Nery Junior, Nelson 52

O
Osório, Fábio Medina 121

P
Paulin, Luiz Alfredo 60

R
Rodas, João Grandino 73, 75, 78,
81, 91, 109, 111

S
Silva, José Afonso da 30, 38, 41

Esta obra foi composta em fonte Palatino Linotype, corpo 10
e impressa em papel Offset 75g (miolo) e Supremo 250g (capa)
pela Paulinelli Serviços Gráficos Ltda.
Belo Horizonte/MG, setembro de 2012.